kurz & bündig

Autor.
Maurer.
YB-Fan.

Pedro Lenz

von Samanta Siegfried

kurz & bündig Verlag | Frankfurt a. M. | Basel

Besuchen Sie kurz & bündig Verlag im Internet:
www.kurz-und-buendig-verlag.com

© 2018, kurz & bündig Verlag | Frankfurt a. M. | Basel

Alle Rechte vorbehalten. Das Werk darf – auch teilweise –
nur mit Genehmigung des Verlages wiedergegeben werden.

Lektorat: Rainer Vollmar, Henrik Halbleib, Frankfurt a. M.
Gestaltung: Katja von Ruville, Frankfurt a. M. nach einer Idee
von Fanny Oppler, Basel
Cover- und Inhaltsfotografien: Tobias Sutter, Münchenstein
(www.tobias-sutter.ch)
Satz: Katja von Ruville, Frankfurt a. M.
Druck und Bindung: CPI books GmbH, Leck

ISBN 978-3-907126-03-5

Kapitel 1: Von einem geplatzten Traum und einer neuen Heimat

Eigentlich hatte sich Pedro Lenz das romantischer vorgestellt. Eine richtige »Chnelle« hätte es werden sollen, mit Lyrik und Jazz. Wo man sich trifft, Alt und Jung am selben Tisch, schwere Holztische mit Charakter, zum Jassen, Palavern, zum Rauchen und Saufen. Seinetwegen auch zum Schweigen. Eine Beiz jedenfalls, so richtig zum Versitzen. Seine Beiz.

Das war das Bild, das ihm vorschwebte, als er 2010 das Restaurant Flügelrad in Olten zusammen mit seinen Freunden, dem Journalisten Werner De Schepper und Schriftsteller Alex Capus, übernahm. Und weil es eben gut in dieses Bild passte, quartierte er sich gleich in der Wohnung direkt über der Beiz ein, bescheidene drei Zimmer, eine Küche musste erst noch installiert werden, aber hey, er hatte ja jetzt eine Beiz.

Seinen Schreibtisch stellte er direkt an das Fenster, mit Sicht auf den Bahnhof Olten, die Eisenbahnerstadt, Dreh- und Angelpunkt der Schweiz. So dicht an Gleis 12, dass er es noch rechtzeitig auf den Zug nach Bern schafft, wenn dieser im Lautsprecher angekündigt wird. »Gleis zwölf, Einfahrt des Intercity-Express nach Bern.«

So kann er, der Literat, von oben dem Treiben zuschauen. Und was kann sich ein Literat Schöneres vorstellen, als jederzeit dem Treiben zuschauen zu können. Besonders einer wie Pedro Lenz, der seine Inspiration aus diesem Treiben zieht. Diesem Knäuel an Menschen, die täglich zur Arbeit fahren, zum Wandern, zur Schule. Den Büezern, den Geschäftigen, den Straßenkehrern. Den Pendlern und den Pensionierten.

6

Luft hole und öpis us dr Luft usehole

Würde er einen Szenenwechsel brauchen, so seine Vorstellung, müsste er nur die Treppe nach unten stolpern, in die Beiz, seine Beiz, sich eine Zeitung nehmen, eine Zigarette anzünden und einen Kaffee bestellen. Kurz innehalten, lesen, rauchen, Pausenmodus.

Läsen und schnufe
und schnufen und läse
vüu schnufe, vüu läse

Rhythmus und Pouse,
Rhythmus und Pouse,
Rhythmus und Pouse

Jetzt, fast acht Jahre später, sitzt er in der Gaststube des Flügelrads, vor ihm ein Kaffee, Schwarz ohne Zucker, Crème ohne Crème, und sagt: »Eigentlich habe ich mir das hier romantischer vorgestellt.« Und seine Worte verharren noch eine Weile in der Stille des Raumes, in den cremeweißen Wänden, den lackierten Tischen, auf denen die Gastgeberin die roten Servietten für den Abend aufdeckt. Längst hat er sich damit abgefunden, dass diese Beiz für seinen Traum nicht geeignet ist. »Das ist eine Beiz zum Essen. Nicht zum Sein. Punkt.«

Heute ist er froh, dass sich das Restaurant überhaupt rentiert, ja, fast jeden Abend bis auf den letzten Platz besetzt ist. Mit einem Küchenchef und Wirt, der weiß, was gute Gastronomie ausmacht: Währschafte Schweizer Küche, Mittagsmenüs zu fairen Preisen, Suppe oder Salat zum Selberschöpfen, wie damals bei Oma. Nicht zu vergessen die charmanten Zwillingsschwestern, Blondschöpfe mit Pagenschnitt, die mit ihrem Service dafür sorgen, dass so manch ein Besucher heute Stammgast ist. Nein, reinreden will Pedro Lenz auf gar keinen Fall, auch den Kaffi zahlt er wie ein normaler Gast, Trinkgeld inklusive. Nur dass bereits nachmittags für den Abend aufgedeckt wird, darüber ist er bis heute nicht recht hinweggekommen. Doch am Ende hat er es dieser Beiz zu verdanken, dass er überhaupt nach Olten gekommen ist. Und das hat er bis heute nie bereut.

Davor wohnte er fünfzehn Jahre in Bern. An der Wylerstraße, die durch das Nordquartier führt, Breitenrain, Lorraine, jene Gegenden, in denen es vielleicht bis heute noch am ehesten diese Art von Beizen gibt, wie sie Pedro Lenz so gerne mag. Hier nahm auch seine Karriere als Schriftsteller ihren Anfang, und hier wohnen bis heute noch die Menschen, die ihn auf diesem Weg eng begleiteten: der Schriftsteller Beat Sterchi, sein Vorbild, sein Kollege, sein Freund, der ihn ermutigte, nah an seiner eigenen Lebenswelt zu schreiben. Raphael Urweider, das Lyrik-Talent, fast zehn Jahre jünger als Lenz, der später seine beiden Mundartromane ins Hochdeutsche übersetzen sollte. Christian Brantschen, erst Pianist bei »Stop the Shoppers«, später bei Patent Ochsner und Musiker zahlreicher Bühnenprogramme, der für die beiden Romane von Pedro Lenz die Musik komponierte und bis heute mehr als zweihundert Mal mit ihm auf Tournee war. Und Urs Frieden, damals Journalist, der den unerfahrenen Lenz in dem Fußballtreff gegen Rassismus »Halbzeit« hat auftreten lassen, als dieser noch ein No-Name war. »Achtung, seid bitte kurz still, da will einer etwas lesen!«

Nicht zuletzt *Franziska*. Seine damalige Freundin, mit der er 15 Jahre lang zusammen war. Die er später sogar heiratete. Und die einen erheblichen Teil dazu beigetragen hat, dass Lenz es gewagt hat, Schriftsteller zu werden.

Dann ging die Partnerschaft mit Franziska in die Brüche, und Lenz zog mit seinem Freund Raphael Urweider zusammen. Charaktere, wie sie unterschiedlicher kaum sein könnten. Urweider fiel der Erfolg früher und leichter zu als Lenz, und während Lenz versuchte seinem jungen Künstlerfreund beizubringen, was es heißt, auch mal zu beißen, einen langen Atem zu haben und nicht immer alles für gegeben zu nehmen, versuchte Urweider, Lenz beizubringen, auch einmal Nein zu sagen, und nicht immer und überall und auch noch umsonst aufzutreten. Und während sie sich gegenseitig kritisierten und mit ihrer Kunst inspirierten, überlegte sich Pedro Lenz, wo sein neues Zuhause sein könnte. Was, wenn er sich in Bern neu einrichtet, sich dann aber in eine Frau aus Bad Zurzach verliebt? Mit diesem und ähnlichen Gedanken verstrich die Zeit, bis er es nach drei Jahren Provisorium satthatte und wusste: Ich muss eine Entscheidung treffen.

Dass er mit Olten liebäugelte, ist für ihn nicht so weit hergeholt, wie es manch einem erscheinen mag. Olten, dieser gefühlte Mittelpunkt der Schweiz, von dem die meisten Leute nur den Bahnhof kennen, vielleicht noch ein Kongresszentrum oder bestenfalls einen der Wanderwege, die irgendwo in den Jura abzweigen, roch für Pedro Lenz schon immer nach Pizza, Mode und Abenteuer.

In Langenthal aufgewachsen, war Olten die größte Großstadt in der Nähe, daher fuhren seine Eltern mit ihm und den zwei Geschwistern an manch einem Wochenende dahin, wo es Dinge zu erleben gab, die den Langenthalern zuhause nicht vorbehalten waren. Die Pizzeria zum Lindenbaum war ein solches Erlebnis. Wenn sie nicht in dem Restaurant Silberkugel auf der Raststätte Deitingen-Süd Burger essen konnten, wollten die Kinder der Familie Lenz immer in die Pizzeria zum Lindenbaum, jenes Lokal am Rande der Oltner Altstadt, in dem man den Pizzaiolo noch beim Teigdrehen zuschauen konnte und das, obwohl von Schweizern geführt, eine südländische Exotik ausstrahlte, wie es zu dieser Zeit noch eine Rarität war. Und wenn der Vater von Pedro Lenz an einem Samstag sagte: »Unsere Kinder müssen eingekleidet werden«, ging man ebenfalls nach Olten. Meistens zu Kleider Frey, einem der erfolgreichsten Textilunternehmen in Wangen bei Olten mit der größten

Auswahl an Jeans. »Und einem Schießstand, an dem wir Kinder mit Luftgewehren schießen konnten«, erinnert sich Pedro Lenz. Wahlweise fanden sie ihre Kleidung auch in der EPA, im ABM und im Coop City.

Später, mit 16 Jahren, war es schließlich das Nachtleben, das Pedro Lenz nach Olten zog. Sein Vater warnte ihn noch: »Ihr geht nach Olten? Geht aber bloß nicht in den Hammer!« So wussten Pedro Lenz und seine Jugendfreunde ganz genau, nach was sie Ausschau halten mussten.

Der Hammer, nahe der Station Olten-Hammer, war in den 1960er-Jahren eine der ersten großen Discotheken der Schweiz. Und eine der legendärsten. In dem riesigen Saal traten Pink Floyd bereits auf, als sie kaum einer kannte, auch The Kinks oder Josephine Baker. Aber nicht nur als Konzertlokal, vor allem als Drogenumschlagplatz machte sich der Hammer einen Namen, es wurde gedealt bis zum Abwinken. Der Wirt ließ keine Gelegenheit aus, mit seiner Knarre zu bluffen und zu drohen, notfalls auch Gebrauch von ihr zu machen. Der Hammer, das war damals ein kleiner wilder Westen – mitten in Olten!

Das waren die Erinnerungen, die Pedro Lenz an diese Stadt hatte, als er 2009 einen Anruf von seinem Schriftstellerfreund Alex Capus bekam. Es werde eine Beiz frei in Olten und eine Wohnung obendrein. Ob er nicht Lust hätte? Und auch wenn alles von damals längst verschwunden war, der Kleider Frey, die Pizzeria am Lindenbaum, die EPA, der ABM und auch der Hammer, sagte er ohne Zögern zu. So wurde Olten die neue Heimat von Pedro Lenz.

Kapitel 2: Wie Pedro seine erste Heimat eroberte – und wieder verlor

»Hey Pedro!« –
»Beatrice! Das ist ja lustig!« –
»Jetzt bin ich gerade einmal eine Viertelstunde hier, und dann läufst du mir über den Weg.«

Es ist ein trüber Novembertag in Schummertal, Schauplatz von Pedro Lenz' erfolgreichstem Roman »Der Goalie bin ig« und Synonym für seine Heimatstadt Langenthal. Hier hat er die ersten zwanzig Jahre seines Lebens verbracht und nach einem kurzen Intermezzo in Zürich nochmals vier Jahre. Hier wurde er getauft, und hier teilen sich seine Eltern ein Grab. Jetzt steht er vor dem Haus seiner Kindheit, einem beigen Einfamilienhaus an der Aarwangenstraße, der längsten Straße, die durch den Ort führt, am Anfang des ruhigen Bäregg-Quartiers. Als Pedro klein war, trennte das Haus noch ein kleiner Streifen Grün von dem Troittoir an der Straße. Dann wurde eine Unterführung für Fußgänger gebaut, wie es in den 1970er-Jahren vielerorts üblich war. Als man noch der Meinung war, die Fußgänger müssten unten durch, unter den Autos. Für den Bau musste die Familie Lenz einen Teil ihres Grundstückes opfern, den besagten Streifen Grün zwischen Trottoir und Haus. Später malte man aber doch einen Zebrastreifen über die Straße, und seither benutzt kaum noch jemand die kurze Unterführung und Pedro Lenz denkt, dass man nun das Grundstück eigentlich wieder verbreitern könnte. Und während er diesen Gedanken nachhängt, taucht Beatrice neben ihm auf.

Beatrice ist eine freundliche Frau mit kurzen grauen Haaren und einer randlosen Brille. Die beiden waren Nachbarn, sie ist vier Jahre älter als er. Seit vielen Jahren haben sie keinen Kontakt mehr, sehen sich höchstens mal kurz bei einer Lesung von Pedro Lenz. Jetzt stehen sie da, vor den Häusern ihrer Kindheit, und erinnern sich an früher. »Hier unter der Birke, da haben wir immer Schule gespielt«, sagt Beatrice und deutet auf den Rasen vor ihrem Elternhaus. – »Genau. Und du hast mir beigebracht, wie man als Linkshänder richtig schreibt!« So kam es, dass Pedro Lenz unter einer Birke, auf einem Tisch aus Plastik, Schönschreiben gelernt hat. »Du bist beim Schreiben geblieben, und ich beim Unterrichten«, sagt Beatrice, die heute als Lehrerin arbeitet. Lenz lacht sein bauchiges, rhythmisches Lachen.

Dann beginnt Beatrice zu erzählen. Von ihrem Vater, der vor einem Jahr gestorben ist. Und wie sie als Einzelkind vor der Frage stand, ob das elterliche Haus verkauft werden sollte. Beatrice wollte es behalten. Hier, in dem Garten vor dem Haus, in dieser ruhigen Quartierstraße, hier kann sie sich entspannen, wie sie es sonst nirgends kann.

»Ich habe dem Päpu bis zum Schluss aus deinen Büchern vorgelesen. Er wusste natürlich noch, wer Pedro ist; der Aktive, der als kleiner Junge überall hochgeklettert ist wie ein Affli.« – »Jo, genau. Bei den Schmuckis bin ich immer auf die Birnbäume. So vergeht die Zeit!« Auch Marcel Hofer, erzählt Beatrice weiter, wird das Haus der Eltern behalten. Aber noch lebt Frau Hofer und ist gut in Schuss. Ohne Rollator, nichts. Und Frau Hefermehl, die fährt sogar noch Auto! Auch der Iseli Hans, das war verblüffend, blieb rüstig bis zu seinem Tod.

Vielleicht, denkt Pedro Lenz, während er Beatrice zuhört, hätte er das Haus auch behalten sollen. Als seine Eltern in eine Blockwohnung zogen, weil sie sich um Haus und Garten nicht mehr kümmern konnten, haben sie ihre drei Kinder gefragt: Wollt ihr das Haus? Von seinen Geschwistern hatte niemand Interesse, Pedro Lenz war der Einzige, der sich vorstellen konnte einzuziehen. Aber seine damalige Partnerin wollte das unter keinen Umständen. Vielleicht, denkt er heute, hätte er insistieren sollen. »Es ist nämlich schön, Beatrice, du hast recht! Es ist schön hier.«

Jetzt steht er etwas verloren davor und schaut auf das gepflegte, geputzte Haus mit Lättlihaag. Das einst so fest mit ihm verbunden war und jetzt nicht mehr so recht zu ihm gehören will. Bis zu dem Umzug seiner Eltern bedeutete das Haus für Pedro Lenz eine Sicherheit, der er sich bis dahin gar nicht bewusst war. Egal wo er war, wie weit weg oder wie lange er nicht mehr bei seinen Eltern vorbeigeschaut hatte, er konnte immer dorthin zurückkehren. Bis zum Schluss hatte er einen Schlüssel für das Haus und ein Zimmer, in dem er übernachten konnte. Und er wusste: Auch wenn die Welt zusammenbricht, hier habe ich ein Zuhause. Als er das erste Mal wieder nach Langenthal kam, nachdem seine Eltern umgezogen waren, fühlte es sich für Pedro an, als hätte er ein Stück Heimat verloren.

»So vergeht die Zeit! Mach's guet Beatrice!« –
»Du o, Pedro!«

Mit den ersten Schritten fängt alles an. Wie die meisten Menschen hat auch Pedro Lenz sie im Elternhaus getan. Danach im Garten, danach im Garten von Beatrice. Dann in die nächste Quartierstraße, erste Runden mit dem Dreirad, Straßenkreide auf Beton. Der Weg in den Kindergarten war schließlich der erste, den der kleine Pedro alleine ging. Vorbei an den Nachbarn, Frau Stengele, Frau Ellenberger, vorbei an den Birnbäumen der Schmuckis. Als er Fahrrad fahren konnte, wurde die Welt, die sich ihm auftat, noch größer, noch weiter.

Aber der einschneidendste Weg, der ihn prägte und ihn ein Stück größer werden ließ, war bezeichnenderweise der ins »Buggeliturnen«. Eigentlich hieß es Haltungsturnen, eine Verordnung des Schularztes wegen seines schnellen Wachstums, damit seine Rückenmuskulatur mithalten konnte. Aber in der Schule sagten alle nur Buggeliturnen. Das erste Mal begleitete ihn sein Vater, doch danach sagte er: »Jetzt weißt du ja, wo es ist, das findest du alleine.«

Pedro war unwohl zumute. Was, wenn er sich verlaufen würde? Das war immerhin ein halbstündiger Fußmarsch. »So hast du gleich zwei Trainings auf einmal«, sagte der Vater nur. »Hinlaufen, Turnen, Zurücklaufen.« Er drückte ihm einen Zettel mit der Adresse in die Hand für den Fall, dass er jemanden nach dem Weg fragen müsste. Dann ging er los. Der Weg war nicht einfach gerade, es mussten einige Straßen überquert werden. Doch mit jedem Schritt, den er ging, und mit jeder Kurve, die er wiedererkannte, wuchs sein Gefühl der Emanzipation, der Selbstständigkeit und als er es schließlich geschafft hatte, war er sich sicher: Ab jetzt steht mir alles offen. Die Welt hat sich mir erschlossen.

»Komme ich heute in eine fremde Stadt, wende ich die genau gleiche Strategie an wie damals als kleiner Bub. Ich erschließe mir zuerst die nahe Umgebung, gehe einmal um den Block. Danach erweitere ich meinen Radius, gehe zum Bäcker und zurück, zum Kiosk und zurück. Finde eine Beiz, die mir gefällt, und erschließe mir damit Stück für Stück eine neue Welt, bis sie zu einem Teil von mir geworden ist.«

Nach diesem Schlüsselmoment wuchs sein Selbstvertrauen kontinuierlich. Sein erstes Geld verkitschte er mit Freunden am Kiosk von Frau Leuenberger – zwei Carambar oder vier Fünfermöcken. Später fragten sie nach einer Schachtel Zigaretten mit dem Kamel drauf – »fürs Mami«. Damit fuhren sie am Mittwoch mit den Velos die Aarwangenstraße hoch bis in den Hardwald. Das war ihr Revier, Pedro kannte es wie seine Hosentasche. Dort haben sie mit Steinschleudern nach Vögeln geschossen, mit Schaufeln eine Motocrossbahn gebaut. Feuer gemacht, geraucht und dabei extra nahe am Feuer gestanden, um den Geruch zu vertuschen. Die restlichen Zigaretten lagerten sie in Einmachgläsern für das nächste Mal, so blieben sie *fresh*.

Pedro Lenz war ein drahtiger, filigraner Junge, »mager wie nes Natürjoguhrt«, wie er den Jungen von damals in seinem Buch »Liebesgschichte« beschreibt. Er und sein Bruder haben die ersten Rollbretter nach Langenthal gebracht, im Jahre 1977. Das erste Mal ein solches Gefährt gesehen haben sie in Madrid, der Heimatstadt der Mutter. Wieder zuhause, zimmerten sie im Keller aus Brettern und Rollschuh-Rollen ein Skateboard zusammen. Bald darauf kam der Trend auch in die Schweiz, die beiden Brüder investierten ihren Weihnachtswunsch in echte Rollbretter und gründeten den SRL-Club – *Skateboard Rollers Langenthal*. Der Keller fungierte als Vereinslokal, in dem sie die Routen planten. So sah das aus in Langenthal, damals 1977.

Pedro Lenz brauchte die Bewegung, er hatte Ausdauer, *Drive*, und sein Vater förderte ihn dabei. Der Vater war in einfachen Verhältnissen aufgewachsen, als eines von acht Kindern, und die Aufteilung war schnell gemacht: Die Jungen durften studieren, die Mädchen arbeiten. So gehörte der Vater der ersten Generation seiner Familie an, die eine Universität besuchte. Sport besaß in dieser Umgebung keine Bedeutung. Umso mehr lag er dem Vater bei seinem Nachwuchs am Herzen. So schickte er seine drei Kinder etwa zum Skifahren, obwohl er es selbst nicht konnte, und verbrachte den ganzen Tag neben der Piste, feuerte sie an, fotografierte sie bei der Abfahrt. Außerdem schickte er Pedro Lenz und seinen Bruder in einen Leichtathletikverein. Dass die Jungs lieber in einen Fußballclub wollten, interessierte ihn nicht. Fußball, so der Vorwand des Vaters, sei zu gefährlich, da mache man sich nur die Knie kaputt. Leichtathletik hingegen sei gesünder, ganzheitlicher. Erst später sollte Pedro Lenz herausfinden, dass Fußball dem

Vater einfach nicht geheuer war. Für ihn war das ein Sozisport, proletarisch und primitiv. Das erwies sich als der wahre Grund. »Aber im Nachhinein muss man sagen, es wäre ohnehin kein großer Kicker aus mir geworden, allein wegen der Statur.«

Natürlich hat Pedro Lenz trotzdem immer »tschuttet«. Auf einem »verdammten Rasenstreifen zwischen Reitplatz und Hauptstraße. Mehr hatte das Quartier nicht zu bieten«, wie er in seinem Roman »Der Goalie bin ig« den Fußballplatz seiner Kindheit beschreibt, den sie damals nur »Ribi« nannten. Als Tor haben sie jeweils ihre Schulranzen ins Gras gelegt, ebenfalls wie der Goalie in seinem Roman, der dazu sagt: »Aber es hatte gereicht. So wie alles reicht, wenn es einem gut geht. Und mir ging es gut, auch wenn ich das damals noch gar nicht wusste.« Am Spielen hinderte die schräg abfallende Wiese daher niemanden. Nicht ihn und seine Freunde aus den Einfamilienhäusern, nicht die Italiener aus den Blöcken gegenüber, die sich dazugesellten. So wurde Pedro Lenz schon früh intuitiv mit dem integrativen Charakter des Fußballs vertraut.

Vom Spieler wurde Lenz bald zum Fan. Das Stadion von Langenthal lag in Fußweite von seinem Zuhause, und ab der dritten Klasse nahm ihn sein Bruder regelmäßig mit zu den Spielen, die damals noch fünfzig Rappen Eintritt kosteten. Etwa zur gleichen Zeit, im Jahr 1975, nahm ihn sein Onkel das erste Mal zu einem Match der Berner Young Boys (YB) mit in die Bundeshauptstadt. Seither ist Pedro Lenz im Herzen »Gelb-Schwarz«, wie er sagt. Bereits damals war er bei jedem Spiel mit voller Konzentration dabei, neunzig Minuten lang, eine Eigenart, die sich bis heute gehalten hat. Besucht er ein Spiel, ist er zehn Minuten vor Beginn an seinem Platz und hat ab da nur Augen für den Fußball. Wenn seine Sitznachbarn über den Ablauf diskutieren, das Spiel kommentieren, kann er das nicht verstehen. Und kommt jemand auf die Idee, ihn in das Gespräch einzubeziehen, kann er das nicht ausstehen. Bei einem Match gibt es nur ihn und das Spiel, und das lässt er sich nicht nehmen. Dabei bildet er sich manchmal ein, sein Zuschauen habe Einfluss auf den Spielverlauf. So kam es, dass Pedro Lenz zwar kein Fußballer wurde, dafür aber ein berühmter Fußball-Fan. Als Mitglied des Beirats der YB ist er heute bei fast jedem Spiel dabei, porträtiert seit Jahren Spieler für das YB-MAG und fungiert in der Öffentlichkeit als Erklärer für Fußballthemen jedweder Art.

Urs Frieden, Journalist, Freund und ebenfalls Fußballbegeisterter, hält Lenz für den perfekten Fußball-Fan. Einer, der noch weiß, was es heißt, Fankultur zu leben, nicht nur darüber zu reden. Frieden erinnert sich noch gut an eine Szene, als Pedro Lenz in der Halbzeit, bei einem Fußballtreff gegen Rassismus, seine ersten Texte vortrug: »Pedro ist ja Real-Madrid-Fan. Diese Mannschaft hatte so ein Ritual, dass der Torschütze sein Trikot über den Kopf zieht und mit dem nackten Bauch über den Rasen schlittert, während sich die anderen Spieler in einem Haufen über ihn warfen. Und genau das hat Pedro einmal im Träff gemacht, als Real Madrid ein Tor schoss. Hat einfach sein Trikot über den Kopf gezogen, ist auf die Knie gefallen und hat aus voller Kehle gejubelt. Das muss erst einmal einer machen! Das zeugt für mich von Leidenschaft, von Basisnähe.« Das Foto davon hat Frieden bis heute aufbewahrt.

Dr Brüetsch & d Schwoscht

Pedro Lenz wuchs mit zwei Geschwistern auf. Dem eineinhalb Jahre älteren Bruder Carlos und der viereinhalb Jahre jüngeren Schwester Maria. Den Großteil seiner Kindheit und Jugend verbrachte Lenz mit seinem Bruder. Er war der Pionier, der vorausging. Er wusste, wie die Dinge laufen, und Pedro vertraute seiner Richtung. Wenn sein Bruder ein Fahrrad kaufte, wollte er auch eins. Wenn sein Bruder in ein Konzert ging, wollte er auch gehen. Wenn der Bruder sagte, ich gehe jetzt Basketball spielen, ging Pedro auch. Sein Bruder nahm ihn mit in die Bibliothek, sein Bruder nahm ihn mit zu den ersten Fußballspielen. Sie erlebten gemeinsam die ersten Jungwachtlager, die Leichtathletik, die Skilager. Pedro war neugierig und hatte Energie, sein Bruder war technisch besser, ob beim Sport oder beim Lesen, Pedro hinkte immer etwas hinterher. Elf Jahre lang teilten sich die Brüder ein Zimmer, und als es eines Tages hieß, ihr habt jetzt beide ein eigenes Zimmer, fand Pedro das bedauernswert. »Mein Bruder hingegen war, glaube ich, ganz froh darüber.«

Die Schwester nahm in den jungen Jahren dagegen etwas weniger Raum ein in Pedros Leben. Aufgrund des Altersunterschiedes hatte sie andere Freunde und durchlebte die Phasen ihrer Brüder erst ein paar Jahre später. Als sie erwachsen wurden, intensivierte sich der Kontakt, vor allem in den Jahren, als Pedro Lenz und seine Schwester gleichzeitig in Bern wohnhaft waren. Heute ist es die »Schwoscht«, eine »konstante, zuverlässige Persönlichkeit mit einer künstlerischen Ader«, wie sie Lenz beschreibt, die dafür sorgt, dass sich die Familie regelmäßig trifft. Ihr ist der Familienzusammenhalt bis heute zu verdanken.

Bei seinem »Brüetsch« hingegen sind die Unterschiede im Erwachsenenalter immer deutlicher zu Tage getreten. So hängt der Bruder nicht an dem katholischen Glauben, wie das Lenz noch tut. Der Bruder hat seit jeher dieselbe Frau an seiner Seite. Der Bruder wohnte bei den Eltern, bis er mit 24 Jahren das Studium der Betriebswirtschaft beendete. Er hat den Doktortitel, Karriere an der Uni gemacht, wurde Assistenzprofessor in Basel und ist heute Chef der Abteilung Volkswirtschaft bei der Schweizerischen Nationalbank. »Isch ä wichtigi Figur, mi Brüetsch.« Und er ist das Vorbild jenes Bruders des Protagonisten Jackpot in Lenz' Roman »Di schöni Fanny«, der diesem stets kommentarlos Scheine zuschickt, damit er sich über Wasser halten kann. Auch Lenz konnte seinen Bruder immer anrufen, als er in Geldnöten war, und dieser sagte nur, schick mir die Rechnung. Er wollte nie etwas zurückhaben. »Er war immer sehr großzügig, das ist seine Art, Wohlwollen zu zeigen«, sagt Lenz heute. Oder, wie es Jackpot in seinem Roman formulierte: »Är tuet nid bugglig we sy Schriftschtöuer-Brüetsch, wo immer no z Oute hockt mau än Ängpass het.« Über Lenz' Literatur verliert sein Bruder dagegen nur wenige Worte. Aber er freut sich mit, wenn Pedro Lenz Preise gewinnt, oder interessiert sich dafür, wie das Budget für eine Romanverfilmung zustande kommt. Solche Sachen.

Kapitel 3: Von einem Schulkomplex zu einem selbstauferlegten Umweg

Die alte Primarschule von Pedro Lenz liegt nicht weit von seinem damaligen Zuhause, einmal die Hauptstraße überqueren, vorbei am Einkaufszentrum Bäregg, das sie schon wieder umbauen (»geng wird irgendwo glochet«), dann ist man schon fast beim Hard-Schulhaus angekommen. Es macht einen akkuraten, wenn auch wenig lebhaften Eindruck, gestutzte Hecken, der Rasen frisch gemäht, gespickt mit Schildern, auf denen steht: »Bitte Rasen nicht betreten.« Früher, meint sich Lenz zu erinnern, stand da: »Rasen betreten verboten.« In Langenthal kommt die Veränderung auf leisen Sohlen.

Doch was Lenz an seiner alten Schule bis heute am meisten anzieht, ist ein Stein. Ein mannshoher Findling im Schatten eines Baumes, zwischen Schulgebäude und Pausenplatz, dick und unförmig. Er war der Ort, an dem Kräfte gemessen und Helden gekürt wurden. Denn wer auf den Stein klettern konnte, der war wer. Dabei gab es verschiedene Schwierigkeitsstufen: Die meisten Punkte gab es für einen Aufstieg auf der glatten Seite, an der es keinen Halt für Fuß oder Hand gab. Und Pedro Lenz, er war ein guter Kletterer.

Die Schule war für Pedro Lenz eher ein Ort der Disziplin als des Lernens. Wo die Turnseckli alle in Reih und Glied an der Garderobe hängen mussten, darunter die Finken wie abgemessen in einer Linie, dicht nebeneinander. Zwar gab es Noten als Bewertungssystem. Weniger als die Noten haben Lenz jedoch die Aufkleber beeindruckt, die die Lehrerin im Heft anbrachte. Damit wurde die Sorgfalt ausgezeichnet, eine schöne Reinschrift, die genau in die Hüseli passte, ohne zu verschmieren. Ein Marienkäfer-Kleberli für eine schöne Schrift. Ein Kleeblatt-Kleberli für die Symmetrie. Als Linkshänder hinterließ Lenz jedoch immer ein paar »Schliirgen« im Heft, und ein Kleberli bekam er infolgedessen nie. Wenn ihn also jemand fragte, ob er gut in der Schule sei, sagte er immer: Nein. Denn davon war er fest überzeugt. Und auch wenn er anfangs gute Noten nach Hause brachte, das fehlende Lob für die Sorgfalt hinterließ bereits erste Kratzer an seinem Selbstbewusstsein.

»Ordnung ist wichtiger als Inhalt. Das war die Message, die bei mir hängen blieb. Das ist vielleicht nicht nur schlecht, denke ich heute. Ja, vielleicht hat das, was ich damals als spießig ablehnte, irgendwie doch einen Sinn.«

Trotzdem machte ihm die Schule in den ersten Jahren grundsätzlich Freude. Er lernte gerne und erzielte ohne Anstrengung gute Noten. Diese Leichtigkeit verflog etwa ab der 6. Klasse, als die Schrauben angezogen wurden und es vor allem nur noch ums Auswendiglernen ging. Seine Motivation flachte ab, und seine Leistung verschlechterte sich rapide. Dass er die Aufnahmeprüfung für das Gymnasium trotzdem bestand, erstaunte damals viele, einschließlich ihn selber. Doch bereits nach dem ersten halben Jahr holte er sich ein ungenügendes Zeugnis ein. Zwar hätte er repetieren können, so ungewöhnlich war das nicht. Aber Lenz hatte bereits resigniert. Dieser Rückschlag vermochte seinen Selbstwert derart zu dämpfen, dass er einfach nicht mehr daran glaubte, er könnte es schaffen.

»Mein Bruder war viel lockerer, er konnte Zweifel einfach von sich wegschieben. Ich nicht. Ich habe schon immer schnell an meinen Fähigkeiten gezweifelt.«

Es war durchaus nicht so, dass Pedro Lenz intellektuell zu wenig auf dem Kasten hatte. Vielmehr hat ihn die Schule immer weniger interessiert, so wenig, dass er nicht einmal Lust auf die Nachprüfung hatte. Die Eltern hatten schon insistiert, als die Noten immer schlechter wurden. Pedro, streng dich mehr an! Er sagte ja und verschwand im Zimmer, wo er dann Musik hörte oder seinen Gedanken nachhing. Der Vater war als Direktor der Porzellanfabrik von Langenthal oft abwesend, und die Mutter hatte das hiesige Schulsystem ohnehin nie so recht durchschaut und fühlte sich der Situation gegenüber eher hilflos.

Pedro Lenz' Lustlosigkeit und die Angst vor einem erneuten Rückschlag mündeten schließlich in der Überzeugung: Ich habe es nicht besser verdient. Ich habe es schleifen lassen. Jetzt muss ich dafür büßen und den Weg einschlagen, der mir zusteht. Eine Lehre. Das war nicht abwertend gemeint, er sah es vielmehr als die logische Konsequenz seines Handelns an. Diese Entscheidung markierte den Anfang eines Schulkomplexes, den Lenz erst viele Jahre später wieder ablegen sollte.

Wäre es nach der Mutter gegangen, ihr zweiter Sohn wäre ohnehin im Internat gelandet. Denn wer sich in der Schule nicht benimmt, nicht mithalten kann, sich nicht anstrengt, der gehört genau dorthin. Pedro Lenz rebellierte: Wenn ihr mich in ein Internat steckt, mache ich so lange Aufstand, bis sie mich wieder nach Hause schicken! Sein Vater, der wusste, dass es genau so kommen würde, hatte Einsicht. Forcieren hatte keinen Sinn. Auch wenn er sich als Bildungsaufsteiger seiner Generation für seinen Sohn etwas anderes gewünscht hätte. Wenigstens war der Ältere bereits mit guten Noten am Gymnasium. Also ließ er den Jüngeren gewähren.

Nur was sollte Lenz tun? Ihm fehlte jegliche Erfahrung, Schnupperwochen hatte es in seiner Schule nie gegeben. Er hatte von Lehrstellen als Schlosser oder Metaller gehört, aber das wollte er nicht. Auch in die Gastronomie oder den Verkauf zu gehen konnte er sich nicht vorstellen. Und das KV, das war ihm wiederum viel zu schulisch. Was ihn interessierte, waren Dinge wie Schriftsetzer oder Lithograf. Er wusste von einem solchen Betrieb in Bern, aber er hatte auch gehört, dass sie von zehn Bewerbern nur drei nehmen. Überzeugt, dass er garantiert nicht zu den Auserwählten gehören würde, versuchte er es gar nicht erst.

So entschied er sich für den direkten Weg. Sich zu bewerben, wo jemand gesucht wird. Er blätterte im Amtsanzeiger von Langenthal nach ausgeschriebenen Lehrstellen, sah eine Bude, die Zimmermänner und Maurer ausbildete, und meldete sich. Zimmermann, warum nicht, das konnte sich Lenz noch vorstellen, etwas zu gestalten mit

Holz und seinen Händen. Doch in der Bude vom »Bösiger« angekommen, teilte man ihm mit, dieses Jahr bilde man keine Zimmermänner aus. »Werd doch Maurer, das ist ähnlich.« Okay, dachte Lenz. Ich werde Maurer. Dass er direkt nach den großen Ferien anfangen konnte, gefiel ihm daran am besten.

Kapitel 4: Vom Erwachsenwerden bei Wind und Wetter

26 Dass Maurer kein »Schoggijob« ist, sollte Pedro Lenz bald erfahren. Zwar gewöhnte er sich an das frühe Aufstehen (halb sechs am Morgen), die langen Arbeitstage (9,5 Stunden). Und immerhin absolvierte er die Gewerbeschule neben der Lehre mühelos. Ansonsten bestand sein Alltag bestenfalls aus Schalen, Armieren, Eisenlegen, Mauern, Verputzen, Leitungen verlegen. Er gab alles, trotz seiner ungeeigneten Statur, seinen zierlichen Fingern, seinem schmächtigen Oberkörper. »Immer in Bewegung bleiben«, befahl der Meister. Nie leer warten, es gibt immer eine Lücke zu füllen, ein Werkzeug wegzuräumen, einen Stapel Kantholz zu sortieren. Hatte er Pech, kam es vor, dass er eine Woche lang nur Löcher für Sanitätsleitungen aufspitzte. Lenz ertrug es. Die Eintönigkeit, die Härte, er ertrug auch die anfänglichen Streiche seiner Kollegen. Wenn sie ihn etwa die mit Schutt gefüllten Kübeln das Gerüst hochtragen ließen und dabei absichtlich verschwiegen, dass er die Ladung mit dem Kran hätte schicken können. Und sich dann unten die Bäuche hielten vor Lachen, wenn er außer Atem oben ankam. Lenz ertrug es und nahm es ihnen nicht einmal krumm. Vielmehr sah er es als Prüfung, der er sich stellen wollte. Denn er hatte sich vorgenommen: Wenn ich das mache, dann mache ich es ernsthaft. Und so dauerte es nicht lange, bis Lenz als ebenbürtiger Büezer-Kollege anerkannt wurde. Ab da war die Solidarität groß. Sie zeigten ihm etwa, wie er eine Schaufel über das Knie legen muss, damit das Bein die Last mitträgt, oder gaben ihm Tipps für die richtige Winterkleidung.

Trotzdem sollte er sich in den sieben Jahren Bau nicht an die Kälte gewöhnen. Die Kälte, die durch seine Kleider kroch wie emsige Ameisen, sich dann in seine Haut bohrte und weiter in seine Knochen vordrang, bis sie sich schließlich in jeder Faser seines Körpers festgekrallt hatte und nicht mehr verschwand. Den ganzen Tag. Kein Paar Handschuhe, kein Paar Socken und kein Paar Schuhe konnte sie auf Dauer davon abhalten. Frieren als Strafe für Schulversagen, dachte Lenz damals.

Doch gerade die Kälte trug erheblich dazu bei, dass sich Pedro Lenz in dieser Lehre regelrecht transformierte: Er wurde erwachsen. Angefangen hatte er als 16-jähriger, aufmüpfiger Junge, immer gerne mit einer großen Klappe unterwegs, eben noch kindlich, weich geformt. Das raue Klima auf der Baustelle, ausgesetzt in Wind und Wetter, hatte seine bubihaften Züge geradezu weggefegt. Erfahrungen, die zu einem natürlichen Reifeprozess beitragen – Verantwortung übernehmen, unabhängig sein, selbstständig sein, sich emotional von den Eltern lösen – hatte er in der Lehre in einem Tempo durchlebt, mit dem er selbst kaum Schritt halten konnte. Auf einmal war Pedro Lenz ein junger Mann. Auf einmal war er Maurer. Und obwohl er nicht wusste, wie lange, er würde es erst einmal bleiben.

Nach der Lehre fand Lenz eine Stelle in Zürich. Ohnehin war es für ihn an der Zeit, aus diesem Kaff rauszukommen, etwas Neues zu sehen. Und in Zürich, so hatte man sich damals erzählt, da steppt der Bär. Außerdem waren mittlerweile einige seiner Freunde aus Langenthal zum Studieren nach Zürich gegangen, Argument genug für einen Umzug. Doch in der Großstadt fand er sich schon bald in einer Parallelwelt wieder. Während seine Freunde auch unter der Woche die Nächte durchfeierten, musste Lenz bereits wieder um sechs Uhr früh aus dem Haus. Im Gegensatz zu ihnen aber hatte er Geld. Sein Monatslohn war damals ein kleines Vermögen für Lenz, und er genoss es, seine Freunde in der Beiz einzuladen. War er unter der Woche den Zwängen des Erwerbslebens ausgesetzt, hatte er am Wochenende umso mehr Freiheiten und spürte die Befriedigung: Das habe ich mir verdient! Und seine Freunde bewunderten Lenz dafür, dass er bereits einen richtigen Job hatte und richtiges Geld verdiente. Doch Lenz entging nicht, dass sich ihnen an der Universität eine Welt erschloss, die ihm auf dem Bau verborgen blieb.

Auch in der Lebenswelt seiner Arbeitskollegen wurde er nie richtig heimisch. Zwar teilten sie sich die gleiche Büez, fochten die gleichen Kämpfe aus und hielten zusammen der Kälte stand. Aber sie waren alle älter als Pedro Lenz und hatten andere Interessen. Lenz mochte Literatur, Theater, Filme, Jazz. Die meisten seiner Maurerkollegen hingegen interessierten sich für Autos, Fernsehen, hörten andere

Musik, teilten oft politisch andere Werte. Er war ein Exot in diesem Milieu, auch wenn ihm das damals noch nicht so bewusst war. So hielt er sich intuitiv bald an die anderen Exoten, an die Spanier, die Portugiesen, die Italos. Und Lenz sollte erfahren, dass wie der Fußball auch der Bau beispielhafte integrative Züge aufweist. Der Bau war es, wo Lenz das erste Mal mit gelebter Integration in Kontakt kam. »Fünf Menschen unterschiedlicher Nationalitäten bauen zusammen ein Haus – ist das nicht eine schöne Integrationsgeschichte?«

Als Zweisprachler, Spanisch und Deutsch, nahm er schnell die Rolle als Übersetzer an und vermittelte so zwischen den Kulturen. Es gefiel ihm, gefragt zu werden, nützlich zu sein. Auch beeindruckten ihn die Geschichten aus der Fremde, die die Migranten unterschiedlicher Herkunft mitbrachten. Da waren Portugiesen, die den Angola-Krieg überlebt hatten, Jugoslawen – damals gab es das Land noch –, Spanier oder Italiener. Und er dachte sich: Irgendwann werde ich ebenfalls auswandern. Nach Neuseeland oder Kanada. Seinerzeit wusste Pedro Lenz noch nicht, wie sehr er am Daheimsein hängt.

Wenn er heute auf die sieben Jahre auf dem Bau zurückblickt, gibt es nur wenige Dinge, die er von dieser Zeit vermisst. Dass man zusammen auf eine Sache hinarbeitet etwa. Und dass man im Nachhinein sieht, was man geschafft hat. Beton ist für die Ewigkeit, dass hatte ihn bereits damals fasziniert. Noch heute prahlt er vor seinen Freunden, wenn sie im Bahnhof Zürich an den Gleisen 42/43 vorbeigehen, dort, wo Lenz in den 80er-Jahren auf der unterirdischen Baustelle mitgearbeitet hat. Und seine Freunde können es nicht mehr hören. »Lenz, halt da unten bitte den Latz! Nicht schon wieder die Geschichte, dass unter den Bodenplatten ein Meter Beton liegt und dass dir damals der Beton aus dem Schlauch ins Gesicht gespritzt ist!«

Kapitel 5: Die Sache mit dem Glauben und wie ihn die Kirche vom Bau wegholte

Pedro Lenz wuchs katholisch auf, wie als Kind einer Spanierin üblich. Sonntags ging die ganze Familie in die Kirche in Langenthal, und Pedro tat das meistens gerne, er nahm diese Sache ernst. Nur der Vater blieb manchmal zuhause, was den kleinen Pedro irritierte. Wenn er ihn nach dem Grund fragte, sagte der, er sei als Kind sehr oft in die Kirche gegangen. Sein ganzes Leben schon. Und im Himmel, da gebe es so etwas wie ein Kirchenkonto, das sich mit jedem Gottesdienst auffülle. Sei das Konto voll, könne man ihn auch einmal ausfallen lassen. Wenn das so ist, dachte Pedro, und gab sich noch mehr Mühe, regelmäßig in die Kirche zu gehen, um sein Konto aufzufüllen. Sein Engagement wurde gesehen und gewürdigt, er wurde sogar Ministrant. Und während sein älterer Bruder als Jugendlicher dem Gottesdienst lieber fernblieb und jede Gelegenheit ergriff hinauszuschleichen, harrte Pedro getreu bis zum Segen auf den Holzbänken aus.

Auch später hat Pedro Lenz nie den Wunsch verspürt, aus der Kirche auszutreten. Für ihn ist seine Konfession eine Tatsache, die er nicht in Frage stellt, »touft isch touft«, sagt er dazu gerne. Seinen Glauben hat er bis heute mehr oder weniger aufrechterhalten, auch wenn sich dieser mit den Jahren veränderte. Als Kind war es eher der kindliche Glaube, der ihn prägte: dass der liebe Gott ihn beschützt und die Engel über ihm wachen. Das hat ihm seine Mutter beigebracht, etwa indem sie ihm vor dem Schlafengehen auf Spanisch ein Kinderlied vorsang mit den Zeilen: »Vier Ecken hat mein Bett, vier Engel beschützten meine Seele.« Dieser Glaube hat sich über die Jahre gewandelt in einen, der hier und da auch von Zweifeln ergriffen wird. Ob jetzt alles wirklich so eintreffen wird, wie es in der Bibel steht, und dazu kommt das Unbehagen darüber, was in den Kirchen alles unter den Teppich gekehrt wird. Dennoch blieb der Glaube an Gott bis heute in Lenz verankert.

Das hat auch damit zu tun, dass er die Religion in seiner Jugend als positiv erlebte. Der Glaube gab ihm eine Richtung, und vor allem ein Kollektiv. Es war die Zeit, in der man Kirchen noch Volkskirchen nannte. Zwar gehörte Lenz als Katholik in Langenthal zu einer Minderheit, aber diese formierte sich bald zu einer starken Gruppe, wie das Minderheiten meistens tun. Das Verbindende ging weit über das Religiöse hinaus, der soziale Zusammenhalt wurde gepflegt, mit Spaghetti-Essen, Kulturfesten und Discos im Kirchgemeindehaus. So war es für Pedro Lenz auch ganz natürlich, dass er sich in seiner Freizeit in der kirchlichen Jugendarbeit engagierte, in der Jungwacht Blauring. Mit achtzehn Jahren hat er sich in Wochenendkursen zum Leiter ausbilden lassen und organisierte in seinen Sommerferien einfache Lager für Kinder, plante eine Schnitzeljagd oder baute Zelte im Freien. Was ihm bei seiner Arbeit als

Maurer fehlte, fand er in seiner Freizeit als Jugendarbeiter: mit gleichaltrigen Kollegen zu debattieren, gesellschaftliche Fragen zu wälzen, Verantwortung und Hierarchien zu verhandeln. Als Leiter hatte er auch den Anspruch, den Kindern bestimmte Werte weiterzugeben, zum Beispiel, dass man als Gruppe zusammenhält und niemanden ausstößt. Drei seiner vier Wochen Ferien im Jahr gingen so für die Jugendarbeit drauf. Weil Lenz das mehr reizte als Interrail. Dass ihm fremde Eltern ihre Kinder anvertrauten, erfüllte ihn mit Stolz, dass die Kinder zuhause nur Gutes erzählten, mit Genugtuung.

So kam es, dass Pedro Lenz eines Tages ein Angebot des Langenthaler Pfarrers erhielt. »Wir haben einen Engpass in der Jugendarbeit, wir brauchen neues Personal. Ich dachte an dich, Pedro. Eine Fünfzigprozent-Stelle. Könntest du dir das vorstellen?«

Das Angebot erwischte ihn im rechten Moment. Nach sechs Jahren Bau war er in einer Phase des Zweifels angelangt und fragte sich zunehmend: Wie viele Winter will ich das noch machen? Auch Zürich hatte ihn zu diesem Zeitpunkt desillusioniert, die Neugier war der Ernüchterung gewichen. Zwar bot ihm die Stadt kreative Angebote im Überfluss. Aber was nützten sie ihm, wenn er es ohnehin kaum schaffte, diese wahrzunehmen? Er musste ja bereits eine Stunde früher Feierabend beantragen, wenn er noch einen behördlichen Termin hatte, weil er sonst vor 18 Uhr nicht von der Baustelle loskam.

»Ich verlor schnell den Respekt vor Zürich. Damals gab es Leute aus Langenthal, die sagten, wow, du bist in Zürich, wie cool! Dabei gibt es keine Prüfung, um dorthin zu gehen, die nehmen jeden!«

Und es dämmerte ihm: Es würde nicht mehr lange dauern, und er wäre gefangen in einem Leben, das er so nie wollte. Mit einer Wohnung und Möbeln und Verpflichtungen, denen er ständig nachkommen müsste und für die er immer mehr Geld brauchen würde. So hatte er sich das eigentlich nicht vorgestellt. Auch sein Vater redete ihm bereits seit geraumer Zeit ins Gewissen. Als Direktor der Porzellanfabrik kannte er die Welt der Arbeiter gut. Er wusste, was es heißt, mit 3500 Franken pro Monat eine Familie zu ernähren. Er sah mit eigenen Augen, wie viele von ihnen abends noch einem Nebenjob nachgingen, damit es irgendwie reichte, und bekam regelmäßig Anfragen von Leuten, die sich gerne als Putzhilfe im Büro noch etwas dazuverdienen wollten. Zwar hatte er seinen Sohn nicht daran gehindert, die Maurerlehre in Angriff zu nehmen, aber so langsam wurde er ungeduldig und bekam es mit der Angst zu tun, dass der Junge gänzlich als Proletarier enden könnte. Ein Raucher, Säufer und Schufter. Wie lange er das so weitertreiben wolle? Er solle zumindest eine Abendschule besuchen, eine Weiterbildung machen. »Pass auf«, warnte er ihn. »Weniger Bildung macht dein Leben nicht leichter.« Und Pedro Lenz, der schon immer viel Respekt vor seinem Vater hatte, ahnte, dass dieser recht hatte. Aber in der Abendschule schlief er ein. Und einen richtigen Ausweg sah er nicht, auch Bauleiter kam für ihn nicht in Frage, er wollte nicht so viel Energie in etwas stecken, für das er nicht brannte. Und gerade als er sich fragte, wie er aus dieser Nummer am besten wieder rauskommen würde, kam das Angebot des Pfarrers in Langenthal.

Er war zweiundzwanzig Jahre alt. Zeit genug, das Ruder noch einmal herumzureißen. Dass er dafür zurück nach Langenthal musste, freute ihn eher, als es ihn störte. So fand seine Büezer-Karriere ein Ende. Und Lenz war kein Maurer mehr.

Zurück in Langenthal bezog er eine Wohnung in einem grau-weißen Sechzigerjahre-Wohnhaus, Mitte Parterre, neben den Gleisen des Bahnhof Süd. Just ein paar Meter von der Einfahrt entfernt, in der die erste Szene der Verfilmung seines Romans »Der Goalie bin ig« gedreht werden sollte. Dort saugt der Hauptdarsteller Markus Signer alias Goalie seinen blauen Renault 4, als sein Freund Ueli mit dem VW-Käfer herangerollt kommt und fragt: »Hesch nüt Schlauers z'tüe?« – »I mues dr Chare go vorfüehre«, um ihn schließlich um einen verhängnisvollen Gefallen zu bitten. Neben ihnen der Bilderbuch-Bünzli, der dem Goalie schließlich den Stecker zieht, weil er sein blitzsauberes Auto ebenfalls saugen will. Es ist diese Welt, die Pedro Lenz über viele Jahre so vertraut war.

Auf der anderen Straßenseite seiner neuen Wohnung lag die Porzellanfabrik, in der sein Vater Direktor war. Sie war über Jahrzehnte Langenthals größter Stolz, bis der Großteil der Produktion nach Tschechien ausgelagert wurde. Als Pedro Lenz fünf Jahre alt war, führte ihn sein Vater an der Hand durch das Gebäude, stellte ihn allen Mitarbeitern vor und lehrte seinen Sohn auf diese Weise, anständig zu grüßen. »Grüessech, Grüessech.« Später sollte Lenz dort selbst als Halbwüchsiger in den Ferien aushelfen und sich damit sein erstes Velo finanzieren. Die hunderten Angestellten kamen damals von überall her und versammelten sich jeden Morgen in einer Traube vor dem Eingang, um pünktlich um Viertel vor sieben einzustempeln.

Es war diese Art von Umgebung, in der sich Lenz bei seiner Rückkehr nach Langenthal einquartierte. Quasi die entgegengesetzte Peripherie seines Elternhauses an der Bäregg-Straße, Ecke Aarwangenstraße, das er zwar schätzte, aber in das er als Erwachsener nicht mehr zurückkehren wollte.

Er sollte die nächsten vier Jahre in seiner Heimat Langenthal bleiben. Ihm gefiel die Stelle als katholischer Jugendarbeiter. Er konnte gut mit Jugendlichen, ihre Eltern waren ihm wohlgesinnt und die Überschaubarkeit seiner Heimat gab ihm ein vertrautes Gefühl. In seiner Freizeit traf er sich mit jenen Freunden, die in Langenthal geblieben waren, oder seinen Kollegen aus der Jugendarbeit. Da das Angebot der Stadt beschränkt war, fanden sie sich in den immer gleichen Beizen wieder, in denen Lenz bereits während der Lehre verkehrt hatte. Am besten gefiel ihnen die spanische Weinhalle, mitten im Kern von Langenthal und bis heute eine der ältesten ihrer Art in der Schweiz. Damals gab es dort noch einen halben Roten für fünf Franken. Lenz und seine Freunde nahmen immer den Hintereingang, aus dem einfachen Grund, weil sie es konnten und sie sich einbildeten, es wirke diskreter. Drinnen waren an einem langen Holztisch Menschen jedweder Art versammelt, Alt und Jung, Studenten und Büezer gleichermaßen, um zu debattieren, zu jassen, zu rauchen. Eine Beiz, in die man alleine gehen konnte, weil man wusste, dort die Menschen vorzufinden, die man kennt. Und wenn sie nicht da waren, fand man Menschen, die wussten, wo sie waren. Diese Erfahrung hat Lenz geprägt und wohl den Grundstein für seine Begeisterung für Beizen gelegt – und den Maßstab dafür gesetzt, wie eine rechte Beiz zu sein hat. So lässt er heute wenige Gelegenheiten aus, den Untergang dieser Orte zu beklagen, beschleunigt durch virtuelle Treffpunkte wie Facebook und Co. Pedro Lenz fürchtet heute, die Nähe könnte dadurch in naher Zukunft verloren gehen, die echte Nähe, die keine Technik erzeugen kann und aus der er so viel Inspiration für seine Literatur zieht. Diese Wirklichkeit der Sinne, die einem offenbart wird, wenn man die Stimme seines Gegenübers hört, seine Gestik und Mimik beobachten kann. Wie damals in der spanischen Weinhalle.

Zu seiner Teilzeitstelle in der Jugendarbeit gehörten auch Weiterbildungen. Er absolvierte einen Kurs für Religionslehrer und einen Theologiekurs, der sich über vier Jahre erstreckte. Jeweils montags und donnerstags, zwei Stunden. Dort lernte Pedro Lenz viel über Religionsrecht, über das Alte und das Neue Testament, und er sog dieses Wissen so gierig in sich auf, dass er noch heute in Interviews aus dem Stand Stellen aus der Bibel zitieren kann. Diese Theoriebildung war für Lenz' Selbstbewusstsein entscheidend, hat sie doch dazu geführt, dass er einen Teil seines Schulkomplexes abbauen konnte. Doch als die Weiterbildungen ihrem Ende zugingen, tauchte die Fragerei wieder auf und fing an, ihn zu plagen. Jetzt, mit der Theologieausbildung wäre der Weg zum Pfarrer nicht mehr weit gewesen. Aber das wollte er nicht.

In den Medien ist heute meist zu lesen, Pedro Lenz habe sich gegen den Beruf des Pfarrers entschieden, weil er nicht zölibatär leben wollte. Das ist sicher richtig, aber maximal die halbe Wahrheit. Der eigentliche Grund war, dass er sich nicht berufen fühlte, für die Kirche zu arbeiten. Denn wer in der Kirche arbeitet, diesem bereits damals sinkenden Schiff, dem immer mehr Menschen fernblieben, der muss in der Lage sein zu begeistern, andere mitzureißen, anzustecken. Vor allem aber, zu überzeugen. Aber Lenz wollte niemanden überzeugen. Er sah es nicht als seine Aufgabe, das Mitgliedersterben der Kirchen zu stoppen. Wenn jemand nicht will, dann soll er gehen, jeder muss seinen eigenen Weg einschlagen und finden, was ihn begeistert. Wenn es nicht die Kirche ist, voilà, dann soll es eben nicht die Kirche sein. Pedro ließ diese Menschen ziehen, nie hätte er eine Disco veranstaltet, damit sie blieben, oder ihnen irgendwelche himmlische Versprechen angepriesen. Nein, jedem sein freier Wille. Aber mit dieser Einstellung, so viel hatte Lenz verstanden, würde er natürlich keinen guten Pfarrer abgeben.

Aber wenn es nicht Pfarrer war, wie sollte sein Weg weitergehen? Er hätte sich weiter in die Jugendarbeit vertiefen können, in der sozialen Arbeit eine Stelle suchen. Anders als die Kirche war sie damals ein blühender Berufszweig, die Drogenszene war auch in Langenthal Anfang der Neunzigerjahre allgegenwärtig, und es fehlten ausgebildete Menschen, die sich um die verirrten Schafe kümmerten. Aber wollte er das? Vielleicht wäre das aus der zeitlichen Distanz betrachtet sogar der vernünftigste Weg für Lenz gewesen, der damals am greifbarsten schien. Doch einerseits hegte er auch da Zweifel, ob er die dazugehörige Ausbildung schaffen würde, Französisch war schon lange her, Mathematik hatte ihm nie gelegen und auch Schreibmaschine schreiben hätte er neu lernen müssen. Außerdem versprühte auch diese Zukunftsvision bei Lenz einfach keine Funken. Er konnte sich nicht vorstellen, sich die nächsten zehn Jahre mit den Problemen anderer herumzuschlagen, schlimmstenfalls noch mit den Eltern, die die Probleme vielleicht mit erzeugt hatten. Nein, für ihn stand fest: Auch Sozialarbeiter wollte er nicht werden.

Zu diesem Zeitpunkt war Lenz 27 Jahre alt. Er war kein Maurer mehr. Er war kein Jugendarbeiter mehr. Und er wusste nicht wohin.

Der Pfaffe in ihm

Im Nachhinein liegt der Gedanke gar nicht so fern, Pedro Lenz hätte trotzdem einen guten Pfarrer abgegeben. Vielleicht keinen Missionar, aber sicher einen, der vermitteln kann, was es heißt, für das Gute einzustehen. Manche Literaturkritiker beklagen zwar, die philosophischen Dialoge in seinen Texten seien zum Teil überfrachtet und würden einem die Moralvorstellungen des Autors ungefragt aufdrücken. Von den meisten wird er aber gerade deswegen so gerne gelesen, gehört und bewundert. Er tritt als einer auf, der zu wissen scheint, an welchen Pfeilern es sich im Leben festzuhalten lohnt, auf welche Werte sich zu berufen. Und was wir verlieren, wenn wir diese aufgeben. So wurde Lenz nicht nur zu einem der bekanntesten Mundartautoren der Schweiz, sondern zu einer Art Welterklärer für allerlei. Für Fußball, Migration, die Reithalle, Abstimmungsdebatten jedweder Gattung, die Zersiedelung, den 1. Mai, den 1. August – zu allem hat er etwas zu sagen und zu allem wollen die Leute ihn hören.

Dabei überträgt er christliche Werte in das reale Leben. Weil das Christentum für ihn genau so sein soll, lebensnah, nicht isoliert und weltfremd. Und schon gar nicht soll es an der Schweizergrenze haltmachen, wie das teils von konservativen Parteien ausgelegt wird. Wenn der wichtigste Inhalt des Christentums ist, gegen Muslime und Minarette vorzugehen, ist das für Lenz sehr dünn – und für einen Linken wie ihn vollkommen falsch. Werte, die er aus seinem Glauben speist, sind andere: den Opfern die Hand geben, die Schwächeren in die Mitte führen. Und, wer konsequent sein will, seine Feinde zu lieben. Hieß es im Alten Testament noch »Auge um Auge«, verlangt das Neue Testament bereits nach der ersten Tat, Verzeihung zu üben. Die Rache aussterben zu lassen, das wäre für Lenz wahre Revolution. Übersetzt er diese Werte auf unsere Gesellschaft heißt das etwa: Den Schwachen helfen, Solidarität leben. Integration. Lohngerechtigkeit, Zusammenhalt, Gemeinwohl. Weil ohne diese Werte keine gesunde Gesellschaft existieren kann, fürchtet Pedro Lenz deren Untergang. Dass Gemeinsinn und Solidarität verdrängt werden zugunsten einer Ellbogen-Mentalität, in der die Stärkeren weiterkommen und die Schwächeren außen vor bleiben. Davor hat er manchmal Angst.

»Exgüse«, unterbricht er zuweilen seine Gedanken, wenn er davon erzählt, »bei diesen Themen werde ich beinahe missionarisch, dabei will ich das ja gar nicht.«

Dass er das nicht will, wusste er bereits als 27-Jähriger, als er mit seinem Theologiestudium abschloss. Aber »mängisch ischme im Läbe haut eifach ä Pfaff, das het jede i sich«. Diesen Satz, den der Goalie in seinem Roman sagt, geht auf Pedro Lenz selbst zurück. Oder, wie er es in einem Interview ausdrückte: »Ich bin ein Befürworter von Selbstzweifeln, aber manchmal ist es gut, diese Zweifel für einen Augenblick wegzulegen und ein Pfaffe zu sein.«

Nicht nur in seiner Lebenshaltung spiegelt sich der christliche Hintergrund wider, auch sein Schreiben ist davon inspiriert, besonders von den speziell katholischen Elementen. Durch die regelmäßigen Kirchengänge hat er sich die Allerheiligenlitanei einverleibt, dieses Bittgebet, bei dem im Wechselgesang der Vorsager und die Gemeinde ihre Fürbitte an Gott richten: *Herr erbarme dich unser, Herr erbarme dich unser. Und seine Herrlichkeit erscheint über Dir, und seine Herrlichkeit erscheint über Dir.* Dabei sitzen, stehen, knien, und wieder sitzen, stehen, knien. »*Rhythmus und Pouse, Rhythmus und Pouse.*« Alles hat Rhythmus, alles ist im Flow. Und eben diese Wiederholungen, dieser Rhythmus und dieser Flow sind heute zentrale Merkmale von Lenz' Literatur. »Mich interessiert es, wie Wörter klingen, was für einen Sound sie haben. Sound beispielsweise finde ich ein sehr poetisches Wort«, sagt er etwa zu seiner neuesten Publikation mit dem Titel: »Hert am Sound«. Daher gibt es auch kaum einen Text von Pedro Lenz, der nur geschrieben existiert. Ein großer Teil seiner Veröffentlichungen wurde zuerst mündlich vorgetragen und gehört zu der Gattung des sogenannten Spoken Word, der vorgetragenen Literatur.

Aber wenn man es nicht besser wüsste, man würde vielleicht nicht merken, dass Lenz ein Gläubiger ist. Glaube ist in den Intellektuellenkreisen ohnehin eher verpönt, mit ihm prahlt man nicht. Und wie schon erwähnt, wollte Pedro Lenz das auch nie. Er steht dazu, muss aber nicht jedem davon erzählen. Vielleicht auch weil er Angst hat, heuchlerisch zu wirken, wenn sich einer wie er auf biblische Werte bezieht. Ausgerechnet er, der einen Hang zu vielen Lastern pflegt, gerne raucht und trinkt, geschieden ist und mit einer Frau und mittlerweile einem gemeinsamen Kind derzeit noch unverheiratet zusammenlebt. Er, der wie er sagt, viel Scheiße gebaut hat und dabei Menschen schwer enttäuschte. Außerdem darf man heute rechtens daran zweifeln, ob das Kirchenkonto von Lenz noch immer so gut gefüllt ist wie in jungen Jahren. Noch besucht er gelegentlich die Kapuziner im Kloster von Olten, bei ihm um die Ecke. »Diese Kapuziner, das sy no glatti Sieche.« Sie laden ihn nach dem Gottesdienst hin und wieder auf ein Bier ein. Dass sie ihn willkommen heißen, egal wie oft er kommt oder eben nicht, rechnet er ihnen hoch an. Für diese Kapuziner ist eben jedes Kind in erster Linie ein Kind Gottes, unabhängig von den Taten. Diese Überzeugung gefällt Lenz. Denn Glaube, das heißt auch, nicht zu urteilen und seine Mitmenschen so zu respektieren, wie sie sind. Glaube bedeutet immer auch Großzügigkeit. Oder etwa nicht?

Kapitel 6: Alles eine Frage der Interpretation und der dritte Neuanfang

Pedro Lenz war 27 Jahre alt. Er war kein Maurer und auch kein Jugendarbeiter mehr. Und er wusste nicht wohin. Für ihn eine Zeit des »blanken Horrors«. Damals durchlief er eine halbe Depression, vielleicht auch eine ganze. Jedenfalls fühlte er sich hundsmiserabel angesichts der Tatsache, dass er all die Jahre in eine Ausbildung und eine Arbeit investiert hatte, die er nicht zu seinem Leben machen wollte, und der bitteren Einsicht, die darauf folgte, all die Zeit »verdubelt« zu haben. Und er verzweifelte schier daran, noch einmal von vorne anfangen zu müssen. Wenn er heute von dieser Phase spricht, nennt er sie seine Midlife-Crisis.

Damals war Lenz im Militärdienst und wurde immer wieder zu den Wiederholungskursen aufgeboten, eine weitere Belastung in seinem damaligen Leben. Er ertrug das Militär schlecht, dieses aggressive Herumkommandiertwerden, dieses stumpfe Gehorchen, dieser proletenhafte Umgang, das hielt er nicht mehr aus. Also meldete er sich bei einer Psychiaterin, die ihn von der lästigen Pflicht befreien sollte. Die Dame war äußerst verständnisvoll und sagte, klar, das könne sie schon machen. Sie erkenne durchaus depressive Züge bei Lenz. Aber, offen gesprochen, habe sie das Gefühl, daran sei nicht nur das Militär Schuld. Sie werde ihm daher noch ein paar Sitzungen mehr bei ihr empfehlen, wenn er sich dafür interessiere. Also klagte Lenz der Psychiaterin sein Leid. Dass er einmal Maurer war, dann Jugendarbeiter und jetzt nicht mehr wisse wohin. Einer seiner Freunde leite ein Advokaturbüro, ein anderer baue ein Haus, viele hätten bereits eine Familie. Nur er stehe vor dem Nichts.

44 Manchmal braucht es bekanntlich den Blick von außen, eine andere Perspektive auf die Dinge, um wieder klarer sehen zu können. So war es bei Pedro Lenz und der Psychiaterin. Sie war es, die ihm eine Weisheit mitgab, die gar nicht so verrückt weise klingt, für Lenz damals aber vieles veränderte: dass alles eine Frage der Ansicht ist. Und sie versuchte, die Sache umzudrehen und ihm aufzuzeigen, wie man über ihn als Freund noch denken könnte: Wow, der Lenz, der hat bereits zwei Ausbildungen absolviert und in beiden mehrjährige Berufserfahrung! Und jetzt hat er sich wieder frei gemacht, ihm stehen alle Türen offen! Während ich erst eine Ausbildung hinter mir habe und in diesem Beruf bereits festsitze, weil meine Verpflichtungen es mir nicht erlauben, mich nochmals neu zu orientieren.

Lenz war fasziniert: Das Lebensglück, im Grunde nichts weiter als eine Frage der Interpretation! Mit dieser Einsicht in der Tasche fing er noch einmal neu an.

Er startete mit Schnupperwochen. Gut, dachte er, mache ich halt eine dritte Ausbildung, aber dann zumindest etwas, das ich gerne mache. Zuerst ging er in eine Buchhandlung. Doch, das gefiel ihm, das konnte er sich die nächsten paar Jahre vorstellen. Nur hatte der Betrieb in den darauffolgenden zwei Jahren keine Lehrstelle frei. Also ging er in eine Offset-Druckerei. Auch mit dieser Arbeit hätte er sich womöglich anfreunden können, aber diesmal war es der Lehrmeister, der Zweifel anbrachte. Wenn Lenz wolle, könne er hier anfangen, er stelle ihn gerne ein. Aber persönlich würde er ihm das nicht empfehlen, er sehe ihn an einem anderen Ort, ziemlich sicher aber nicht in einer Offset-Druckerei. Also war auch das nichts. Die Idee eines Studiums keimte damals verstärkt in Pedro Lenz auf, und so geschah es, dass er sich per Ausschlussverfahren wieder dem Gymnasium annäherte. Es war die Freundin seines Bruders, seine spätere Schwägerin, die ihm den fehlenden Motivationsschub verabreichte. Sie selbst hatte nur wenige Jahre zuvor, nach ihrer Ausbildung als Krankenschwester, an dem Bildungszentrum Feusi in Bern noch die Erwachsenenmatura absolviert.

Das kannst du auch, sagte sie zu Pedro Lenz. Der Stundenplan ist aufbauend gegliedert, und die Lehrer gehen sehr didaktisch vor, haben viel Einfühlungsvermögen. Leute, die wissen, wie man mit Erwachsenen umgeht. Deine Mitstudenten sind in der gleichen Lage wie du, alle sitzen in einem Boot. Jeder kommt anfangs mit einem niedrigen Selbstwert und mit vielen Zweifeln, Pedro, du bist nicht allein. Und wenn sie dich schließlich für die Prüfung zur eidgenössischen Matura empfehlen, tun sie es nur, wenn sie sicher sind, dass du so weit bist. Bestimmt, du wirst Krisen durchleben, aber es gibt einen Klassenverband, der dich unterstützt. Und so weiter.

Das ergab für Lenz alles Sinn, hörte sich gar nicht so unmöglich an. Was ihn noch sorgte, war das Geld, genug für die drei Jahre, die diese Ausbildung dauern sollte, hatte er nicht gespart. Da kam sein Vater zum Zug, er bot ihm einen Erbvorschuss an, den er ihm monatlich überweisen würde. Das Angebot erleichterte Lenz, belastete ihn aber zugleich. Es bedeutete, dass er es durchziehen musste, dass er es schaffen musste. Er nahm auch das in Kauf.

Es war das Jahr 1992, als er nach Bern an das Bildungszentrum Feusi ging. Und tatsächlich, die Leichtigkeit kehrte zurück, Lenz lernte wieder mit Freude, war motiviert. Er erlebte die erste Phase seit seiner Jugend, in der er nicht arbeiten musste. Er empfand es als Privileg, noch einmal Schüler sein zu dürfen, war neugierig und genoss es, sich zurücklehnen zu können, aktiv gespannt darauf, was der Lehrer heute zu bieten hatte. Was ihn aber am meisten begeisterte, waren die intellektuelle Atmosphäre und die Möglichkeiten, die sich ihm auftaten: hier eine Lesung zu besuchen, dort ein Konzert, und mit anderen darüber zu diskutieren. Es war eine Welt, die er bis dahin so nicht kannte, und er blühte derart auf, dass seine Bekannten anschließend sagten, die Zeit an der Feusi habe einen neuen Menschen aus Pedro Lenz gemacht.

Nach drei Jahren war es vorüber. Lenz war dreißig, als er die Matura in der Tasche hatte, und konnte, fünfzehn Jahre nachdem er im Untergymnasium in Langenthal durch die erste Prüfung rasselte, endlich seinen Schulkomplex ad acta legen.

Kapitel 7: Von Jerry Cotton zu Max Frisch

Wie wird man Schriftsteller? Ist es eine Fähigkeit, die einem in die Wiege gelegt wird? Oder ist es viel mehr Zufall als Schicksal? Welche Voraussetzungen müssen in jungen Jahren erfüllt sein, dass ein Kind sich zu einem Schriftsteller, einer Schriftstellerin entwickelt? Sicher, die Möglichkeit, lesen und schreiben zu lernen, muss gegeben sein. Darüber hinaus gibt es zahlreiche Wege, und die wenigsten sind bereits von Geburt an klar vorgezeichnet. Auch vom kleinen Pedro dachte nicht jeder als Erstes: Der wird bestimmt einmal ein berühmter Schriftsteller. Weder saß er den ganzen Tag über seinem Tagebuch, noch wühlte er sich, ehe er lesen konnte, durch die Bibliothek seiner Eltern.

Vielmehr das Gegenteil war der Fall. Lange Zeit fand Pedro Lenz überhaupt keinen Zugang zu Büchern, außer sie wurden ihm vorgelesen. Zum Beispiel die poetische Geschichte der bösen Buben: Max und Moritz. Immer wieder musste sein Vater die derben Verse von Wilhelm Busch vorlesen. In einem Gastbeitrag für die NZZ erinnert er sich daran:

»Noch höre ich das Seufzen in der Stimme meines Vaters, wenn er das Wort ›Ach‹, mit dem die Geschichte beginnt, theatralisch in die Länge zog. ›Ach, was muss man oft von bösen / Kindern hören oder lesen!‹, fing er an uns vorzulesen. Und wir Geschwister wussten nicht recht, ob sich dieses väterliche Seufzen auf die Geschichte, die nun folgen sollte, bezog, oder auf den Umstand, dass er sie ein weiteres Mal vorlesen musste. So oder so konnten wir es kaum erwarten, bis die Hühner der Witwe Bolte gegessen waren, bis der Schneider Böck in den Bach fiel, oder bis die Pfeife des Lehrers Lämpel explodierte. (…) Nicht einmal die Schlusszeilen, die beteuerten: ›Gott sei Dank! Nun ist's vorbei / Mit der Übeltäterei!‹, erlösten den Vater von unserer kindlichen Bettelei, weiter vorzulesen. Und tatsächlich kam es vor, dass er mit einem dramatischen ›Ach!‹ noch einmal von vorne begann.« (aus NZZ, 6.9.2017)

Später ging Pedro Lenz manchmal nach der Schule mit seinem älteren Bruder in die Bibliothek. Sie nahmen sich ein paar Bücher, Huckleberry Finn, Robinson Crusoe, und setzten sich an einen Tisch. Dort sollte Lenz feststellen, dass sein Bruder viel schneller las als er. Wenn er die ersten paar Seiten durch hatte, war sein Bruder bereits fast bei der Hälfte angelangt. Dadurch wurde seine Freude am Lesen, kaum hatte er damit angefangen, bereits wieder gedämpft. Er las hie und da, aber er war kein Leser. Keiner, der Bücher verschlang.

Das änderte sich erst, als Pedro Lenz 14 Jahre alt war. Ein damaliger Freund von ihm kam eines Tages mit Jerry-Cotton-Heften in der Schule an, diesen rot umrandeten schwarz-weißen Heften, in denen FBI-Agenten in der

Großstadt New York ständig neuen Verbrechern hinterherjagen. Lenz fühlte sich von dieser Gangsterromantik angezogen, nahm die Hefte mit nach Hause, verschlang eines nach dem anderen und wurde schließlich, mit 14 Jahren, zu einem vergifteten Leser. Weniger begeistert davon war seine Mutter, als sie die Hefte in seinem Zimmer herumliegen sah. Das sei Schundliteratur, nichts Gescheites jedenfalls, das sehe man auf den ersten Blick. Wieder war es sein Vater, der ihn gewähren ließ. Immerhin lese er überhaupt und vielleicht bringe ihn das ja auf den Geschmack. Sein Gespür sollte sich bald bewahrheiten. Man mag über diese Hefte denken, was man will, aber immerhin war es Jerry Cotton, der Pedro Lenz lehrte, was es heißt, beim Lesen einzutauchen. »Es ist egal, was man liest als Kind oder in der Jugend«, ist Lenz heute überzeugt. »Auch vermeintliche Schundliteratur kann Kindern helfen, sich die Lesetechnik einzuverleiben.«

Irgendwann stieß sich auch Lenz am Aufbau dieser Abenteuergeschichten und ihm fiel auf, dass sie der immer gleichen Dramaturgie folgen. Das enttäuschte ihn zwar ein wenig, aber gleichzeitig freute es ihn, das Muster dahinter erkannt zu haben. Und dass Schreiben wie Lesen eine Technik ist, die man sich aneignen kann. Als Pedro Lenz bereits in der Lehre war, kamen seine Freunde aus dem Gymnasium mit immer neuen Büchern an, Max Frisch, Bertolt Brecht, Heinrich Böll. Und da auch die jungen Frauen, für die er am Gymnasium schwärmte, diese Bücher lasen, tat er es ihnen gleich. Er wollte sich nicht lumpen lassen, wollte mitreden und gab sich größte Mühe, nach seiner Arbeit auf

»Es war mein persönliches Glück, dass ich ein Leser geworden bin. Ich würde es aber niemandem aufzwingen wollen.«

dem Bau trotz übermächtiger Müdigkeit noch möglichst viel zu lesen. Dabei stellte er fest, dass er den Inhalt auch ohne gymnasiale Schulbildung verstand, ja, ihn die Lektüre sogar zu amüsieren vermochte. Bald darauf fing er an, die Bibliothek seines Vaters zu plündern, und las alles, was ihm in die Hände kam, auch Komplizierteres wie Shakespeare. Und auf einmal wurde für Lenz die Welt des Lesens groß. Groß und spannend.

52 Es ist diese Lesebiografie, die Lenz zu der Überzeugung führte, dass Lesen nichts mit Bildung zu tun hat. Entweder interessiert man sich irgendwann dafür, oder eben nicht. Das ist jedem selbst überlassen. Zu meinen, Leser seien die besseren Menschen, findet er auf jeden Fall falsch. Für den Beruf des Autors allerdings sieht er es als eine Grundvoraussetzung an: »Es war mein persönliches Glück, dass ich Leser geworden bin. Ich würde es aber niemandem aufzwingen wollen.«

Kapitel 8: Vom Schriftsteller, der noch nichts publiziert hat, zum Autor der Nicht-Leser

In der Schule schrieb Pedro Lenz gerne, Aufsätze in Deutsch gingen ihm leicht von der Hand. Besondere Aufmerksamkeit hat er dem Schreiben trotzdem lange nicht geschenkt. Er führte weder Tagebuch, noch trug er ein Notizbuch als ständigen Begleiter mit sich. Dann ging Lenz nach Zürich, und damit fing seine Briefphase an. Er schrieb Briefe in die Heimat, Briefe an die daheimgebliebenen Freunde. Dabei entdeckte er die Lust daran, eine eigene Sprache zu finden und mit ihr Geschichten zu erzählen. Und mit dem Lesen und Schreiben kamen die Schriftsteller, die er bewunderte, Kurt Marti oder Peter Bichsel, die sich schnell als Vorbilder festigten.

Der erste Schriftsteller, den Lenz kennenlernte und der ihn nachhaltig prägte, war Jörg Steiner (1930–2013), Sohn eines Beamten aus Biel, in dessen Literatur sich die Liebe zu der Provinz und zu gesellschaftlichen Außenseitern ausdrückte, wie es später auch bei Pedro Lenz der Fall sein würde. Kennengelernt haben sich die beiden 1986 bei den Solothurner Literaturtagen, wo Max Frisch, der wiederum Vorbild und Freund von Jörg Steiner war, eine Rede anlässlich seines 75. Geburtstages hielt. Auch Pedro Lenz war dort, 21 Jahre jung und der Beruf des Schriftstellers so weit entfernt, wie das bei einem jungen Maurer zu dieser Zeit in der Regel der Fall war. Als Schriftsteller, so war Lenz überzeugt, müsse man die richtigen Leute kennen, müsse man sich zu einer Literatur bekennen, müsse man viel studiert haben und wenn nicht viel studiert, so müsse man zumindest viel gereist sein. Jedenfalls keine Option für einen wie ihn. Und doch keimte bereits damals der Wunschtraum in ihm auf, und insgeheim dachte er: Wenn ich frei wählen könnte, wäre ich gerne ein Schriftsteller. Nach den Solothurner Literaturtagen fing er an, Jörg Steiner ab und zu Briefe zu schreiben und dabei zögerlich kundzutun, dass ihn das mit der Schriftstellerei interessieren würde. Der Autor wiederum empfand eine Faszination für diesen Bauarbeiter, der sich für Literatur begeistern konnte, und gab ihm Ratschläge: Lies das oder jenes. Schreib oft und viel und lies es vor, dir selbst oder anderen. Aber vor allem: Sei geduldig. Dass er viele Jahre später als auserwählter Schriftsteller zum 80. Geburtstag von Jörg Steiner nach Innsbruck eingeladen werden würde, zusammen mit Peter Bichsel und Ruth Schweikert, hätte er sich damals in seinen kühnsten Träumen nicht vorgestellt.

So begann Pedro Lenz mehr zu schreiben. Als katholischer Jugendarbeiter war er derjenige, der die Lagerlieder dichtete oder die Geschichten für die Kinder erfand. Es sprach sich herum, dass Lenz der ist, der gerne und gut schreibt, und so wurde er eines Tages der Gruppe Werkstatt Arbeiterliteratur in Basel empfohlen, der er von da an regelmäßig kleine Geschichten schreiben und vorlesen konnte. Lenz trug nun immer öfters ein Notizbuch bei sich und füllte es mit Beobachtungen und Gedanken. 1994 gewann er bei einem Literaturwettbewerb der Schweizerischen Arbeiterbildungszentrale (SABZ) den zweiten Preis, seine erste Auszeichnung überhaupt. Dass dieser Wettbewerb nur drei zweite Preise vergab und keinen ersten, sollte er erst später erfahren. Er erinnert sich noch an das Thema: »Menschen ohne Arbeit«, seine Geschichte handelte von einem Typen aus dem Maurermilieu, der seinen Job verliert. »Ich habe das damals, glaube ich, gar nicht so schlecht gemacht.«

Auch in der Feusi hatte sich bald herumgesprochen, dass Lenz gerne und gut schreibt. Eines Tages kam der Leiter der Schulkantine auf ihn zu und fragte, ob er nicht bei einem kleinen Anlass in der Cafeteria etwas lesen könne. Zu dieser Zeit hatte Lenz vielleicht fünf Kurzgeschichten auf Lager, die etwas taugten, und die trug er vor. Im Publikum saß der Schriftsteller Beat Sterchi. Der 1949 geborene Berner erlernte erst das Metzgerhandwerk wie sein Vater, wanderte nach Kanada aus, wo er als Metzger arbeitete, später aber Anglistik studierte. Danach lebte er längere Zeit in Honduras und studierte später wiederum in Kanada. Bereits mit vierunddreißig Jahren, 1983, landete er mit seinem Erstling »Blösch« einen Bestseller. Ein Buch über einen spanischen Gastarbeiter, der in einem Schweizer Schlachtbetrieb langsam zugrunde geht. Bei dieser Lesung in der Cafeteria der Feusi lernte Pedro Lenz den renommierten Beat Sterchi kennen, der bereits zu seinen Vorbildern gehörte, und bald darauf wurde Sterchi sein Kollege, später sein Freund. Er war es, dem Pedro Lenz seinen ersten Romanentwurf anvertraute. Wenn sich Beat Sterchi heute daran erinnert, klingt das so:

»Der Roman, den er mir zu lesen gab, spielte im Baskenland. Vielleicht gab er ihn auch mir, weil er wusste, dass ich viel in Spanien unterwegs war und einen Bezug dazu habe. In dem Text spürte man bereits den Lenz von heute, aber er war noch suchend, unsicher. Dass er es ernst meint mit dem Schreiben, konnte man in dem Text bereits sehr klar erkennen. Die Geschichte hat mich beeindruckt, besonders die Atmosphäre, die er erzeugen konnte. Viele Schauplätze waren auch Beizen und Bars, wie heute noch. Ich fand den Text überhaupt nicht schlecht, nur etwas weit weg von ihm und seiner Lebenswelt. Das habe ich ihm auch gesagt, aber kurz darauf hat er es ja selbst herausgefunden.«

Nachdem Pedro Lenz die Matura erfolgreich abgeschlossen hatte, fing er 1997 an, Theaterwissenschaften zu studieren. Nur, um ein Semester später wieder abzubrechen. Dieser Studiengang gab ihm das Gefühl, es gehe nur darum, wer komischer reden kann, wer sich mehr aufspielen kann. »Das isch mir z dräcksverleidet.« Bald darauf wechselte er zu spanischer Literatur und Germanistik. Spanisch wegen seiner Wurzeln, und Literatur und Germanistik, weil sich sein vager Wunsch nun immer mehr zu einem konkreten Ziel destillierte: Er wollte Schriftsteller werden. Er schrieb nun intensiver. Schließlich fragte ihn ein Journalist von der damaligen Berner Tageszeitung »Tagwach«, ob er Lust habe, eine regelmäßige Kolumne für sie zu schreiben, nichts Persönliches, einfach über bestimmte Themen, aktuell und pfiffig. Es war der erste regelmäßige Schreibauftrag für Pedro Lenz, der ihm etwas mehr Öffentlichkeit einbrachte.

Damals war er noch der Überzeugung: Sobald ein Verlag ein Manuskript von mir annimmt, bin ich Schriftsteller. So schickte er ein paar kürzere Sachen an einige Verlage, von denen er jedoch nie eine Antwort bekam. Irgendwann sagte ihm der Autor und Dramaturg Lukas Bärfuss, dass nur er selbst das behaupten könne. Nur er könne sagen, wann und ob er Schriftsteller ist oder nicht. Also fing Pedro Lenz an zu erzählen, er sei Schriftsteller. Ein Schriftsteller, der noch nichts publiziert hat, aber trotzdem: Schriftsteller. Genau wie der Protagonist Jackpot in seinem zweiten Roman »Di schöni Fanny«. Und es nützte, Lenz fand immer öfters eine Gelegenheit, seine Texte vor einem Publikum vorzutragen. Bei Veranstaltungen an der Uni, in Beizen oder in der Halbzeit, dem Fußballtreff gegen Rassismus von seinem Freund Urs Frieden. Während einer Fußball-WM ließ ihn Frieden erste Texte vortragen. »Achtung, seid kurz still, hier will einer etwas lesen!« Frieden erinnert sich noch gut daran, wie er da stand, der lange Lenz in der schwatzenden Menge, die sich lieber einander und ihrem Getränk als der Lesung widmete, und Lenz, der unbeirrt weitermachte. »Ob das eine gute Erfahrung war für Pedro?«, fragt sich Frieden heute. »Angenehm war es sicher nicht, das kann kein Genuss gewesen sein, vor so einem Publikum zu lesen. Aber ich denke, es waren Momente wie dieser, in denen er sich die Street credibility geholt hat, die ihn heute auszeichnet.« Street credibility also. Einer, der sich seinen

Erfolg hart auf der Straße erarbeitet hat. Und deswegen glaubwürdig wirkt. »Gerade dieses Kämpfenmüssen, dieses sich Bewähren auf dem freien Markt ohne Rückhalt hat ihn erfolgreich gemacht«, vermutet Frieden. »Hätte er sich etwa bei der Zeitung ›Der Bund‹ anstellen lassen, wäre er jedenfalls sicher nicht da, wo er heute ist.«

Damals ahnte Pedro Lenz noch überhaupt nicht, dass ihm diese undankbare Bühnenerfahrung nützlich sein könnte, wie Frieden heute meint. Sein Erbvorschuss war aufgebraucht, und er musste wieder Geld verdienen, so lagen die Tatsachen. Also ging er neben dem Studium und neben dem Schreiben auf den Güterbahnhof Bern, Eisenbahnwagen ein- und ausladen, oder arbeitete als Nachtportier in einer Jugendherberge. Letztere Erfahrung hat ihn Jahre später zu einer Kolumne in seiner Serie »Arbeitskraft« für den Stellenbund »NZZ Executive« inspiriert:

»Die Übernachtung in der Jugendherberge seiner Stadt, so der Student, sei für viele Gäste bloß eine kurze Station auf einer ausgedehnten Reise durch Europa. Und weil manche Amerikaner unseren Kontinent in wenigen Wochen bereisten, hätten sie es oft eilig, weiterzukommen. Deswegen sei es auch nicht unüblich, dass die Gäste ihn, den Nachtportier, fragten, in welchem Land sie sich gerade aufhielten. Er habe für solche Fälle eine kleine Europakarte zur Hand, auf der die Schweiz mit gelber Leuchtschrift markiert sei.« (Auszug aus »Der Nachtportier von Ragusa«, NZZ Executive, 19.12.2009)

Es war um die Jahrtausendwende, als es bei Lenz erneut anfing zu kriseln. Seine damalige Partnerin Franziska, eine ausgebildete Heilpädagogin, hatte einen Job und sollte bald noch ein zweites Studium abschließen. Nur er, so bildete er sich zumindest ein, hatte noch immer nichts Rechtes zustande gebracht. Mit 35 Jahren! Er arbeitete hier, studierte da und schrieb ab und zu Kolumnen oder las Texte als Poetry-Slammer. Immerhin hatte er sich mit der Slammerei so etwas wie einen Namen gemacht. Der Ende der 90er-Jahre aufkommende Wettbewerb für Vortragende verwandelte Literatur in eine Show, die sie quicklebendig werden ließ und zeigte, dass sie unterschiedlich vorgetragen werden kann, mal laut, mal leise, schnell und langsam. Das kam gut an, auch weil das Publikum als Jury einbezogen wurde. Im Gegensatz zu klassischen Lesungen waren die Säle stets bis zum Bersten voll, sind es oft bis heute noch. Als Lenz damit anfing, lag er eher über dem Altersdurchschnitt, aber das hielt ihn nicht davon ab, mit seinen Texten von Stadt zu Stadt zu tingeln, St. Gallen, Schaffhausen, nicht selten räumte er den ersten Platz ab. Das brachte ihm zwar kein Geld, aber außer der üblichen Flasche Whisky, die den Sieger ehrt, erreichte er eine Öffentlichkeit. »Diese Slammerei war ein Katalysator für meine Karriere«, sagt Lenz heute. Außerdem ein gutes Training für Live-Auftritte. »Man muss mit den Leuten in Kontakt treten, präsent sein.«

Doch seine Zukunft war das nicht. Schnell wurde ihm klar, dass gewinnt, wer besonders laut ist, besonders viel Wirbel machen kann. Die leisen, etwas experimentelleren Texte lösten beim Publikum meist nicht den lautstarken Applaus aus, den es für einen Gewinn gebraucht hätte. Das fand Lenz schade.

So war er ein bisschen Schriftsteller, ein bisschen Slammer, ein bisschen Student, ein bisschen Arbeiter. Aber nichts davon konnte er mit voller Konzentration ausführen, nirgends war er wirklich im Flow. Sei geduldig, hatte ihm der Schriftsteller Jörg Steiner mit auf den Weg gegeben. Nur wie lange noch? War es Jahre zuvor die Psychiaterin, die ihm die Augen öffnete, und später seine Schwägerin, die ihn für die Matura motivierte, war es diesmal seine damalige Partnerin Franziska, die ihm den entscheidenden Vorschlag machte. Was, wenn er sich ein Jahr lang nur auf das Schreiben konzentrieren würde, und mit allem anderen aufhörte? Das konnten auch Kolumnen sein, Reportagen oder PR-Texte. Es musste nur mit Schreiben zu tun haben. Das war der Deal. Sie würde ihm während dieser Zeit finanziell den Rücken frei halten. Denn vielleicht, bemerkte Franziska, sind die vielen Beschäftigungen ja nur eine Ausrede dafür, es nie ernsthaft zu versuchen? Zumindest würde er nach diesem Jahr wissen, ob es funktioniert oder eben nicht. Also ein Jahr lang nur Schreiben. Deal. Lenz willigte ein.

Das war im Jahr 2001. Seither hat er nicht wieder damit aufgehört.

»Plötzlech hets ghäscheret«

Es fing an mit einem PR-Auftrag für die Website der Post AG. Hier prägnanter schreiben, da pfiffige Titel setzen. Diese Arbeit war für seine Verhältnisse hervorragend bezahlt und ermöglichte es Pedro Lenz gleich zu Beginn des Experiments, mehr auf eigene Texte zu setzen. Als die Tageszeitung »Tagwach«, für die er bisher einmal im Monat Kolumnen geschrieben hatte, eingestellt wurde, wechselte die halbe Belegschaft zu der Tageszeitung »Der Bund« – und mit ihr auch Pedro Lenz. Auf der Seite »Boulevard de Bern« konnte er in der Rubrik »Trottoir« erstmals wöchentlich eine Kolumne veröffentlichen und lernte so, unter Druck zu schreiben. Es folgten weitere Kolumnen, etwa für das katholische Pfarreiblatt, und einzelne Aufträge des Magazins »Eigenart« des Berner X-Time-Verlages mit der Möglichkeit, seine eigenen Texte zu publizieren. Bei einer Vernissage ebendieses Magazins kam für Pedro Lenz schließlich einiges ins Rollen. Er sollte dort ein paar seiner Texte vorlesen, und weil der Verlag fand, dass es so gut passt, wurde er von dem Pianisten Patrick Neuhaus begleitet. Nach der Lesung kam jemand auf ihn zu und meinte, hey, diese Texte, die Sie vorgelesen haben, die sollte man verlegen. Die sind gut. Und so kam es, dass 2002, nur ein Jahr nachdem er sich in das Schreiben vertieft hatte, in dem kleinen Berner X-Time-Verlag sein erstes Buch erschien. Eine Gedichtsammlung mit dem Titel: »Die Welt ist ein Taschentuch«, die spanische Wendung für »die Welt ist ein Dorf«, mit Gedichten von da, von dort und von drüber.

Das Cover des Taschenbuches ziert eine Zeichnung der Künstlerin Karoline Schreiber, die Pedro Lenz im Unterhemd zeigt, in den Händen ein Taschentuch aus Stoff, das er eingehend betrachtet. Es symbolisiert die scheinbare Nebensächlichkeit, das Kleine, das Dorf, in dem für Lenz die erzählenswerten Geschichten verborgen liegen. Bereits in diesem ersten Werk fällt seine scharfe Beobachtungsgabe auf, seine Liebe zum Durchschnitt und seine Fähigkeit, das Besondere im Alltäglichen zu sehen. Merkmale, die sich von da an durch alle seine Werke ziehen würden und für die er bald bekannt werden sollte.

In der Kritik der Berner Zeitung war 2002 zu lesen:

»Die lyrischen Betrachtungen des 1965 in Langenthal geborenen Pedro Lenz sind ziemlich düster. In seiner auf das Wesentlichste reduzierten Sprache beleuchtet er oft Alltägliches unglücklicher Durchschnittsmenschen. Eine skurrile Wendung bringt die meisten Gedichte, die sich wie Bonsai-Lebensentwürfe lesen, dann hart am Abgrund des Banalen vorbei in Richtung Skurriles. So sind kleine Miniaturen entstanden, durchaus reizvolle.«

Reizvoll fanden sie anscheinend auch viele Leser, jedenfalls verkaufte sich das 84-Seiten starke Büchlein aus dem Stand rund 4000 Mal – nicht nur damals ein Ereignis für einen schmalen Lyrikband. Die zweite Publikation im gleichen Verlag folgte nur ein Jahr später. Unter dem Titel »Tarzan in der Schweiz« veröffentlichte Pedro Lenz eine Sammlung seiner bisherigen »Bund«-Kolumnen zur gesprochenen Sprache. Ihr Thema war die Mundart und wie wir damit kommunizieren, geschrieben war es damals noch in der deutschen Schriftsprache.

Das Vorwort dazu hatte Beat Sterchi verfasst, sein Vorbild, sein Kollege, sein Freund. Sterchi betont darin, Pedro Lenz gehöre nicht zu den Sprachpflegern, sei kein Haarspalter, kein Dialektologe oder Kurator. »Er schreibt über das uralte menschliche Geschäft der Verständigung ganz allgemein. Und weil er, wie es sich für einen Dichter gehört, ganz besonders große und gute Ohren hat, erzählt er kleine verräterische Geschichten von Spezial- und anderen Wörtern. (…) Die Lektüre von Pedros Texten ist übrigens nachwirkend. Sein freudiges Ohrenzeugendasein ist ansteckend. Man hört ebenfalls genauer hin, sei es bei den Mitreisenden nebenan im Zug oder im eigenen Gespräch.« (Auszug aus dem Vorwort von Beat Sterchi zu »Tarzan in der Schweiz«, 2003)

Aus Lenz' Auftritt bei der Vernissage des Magazins »Eigenart« ging aber nicht nur seine erste Buchpublikation hervor, sondern auch eine enge Zusammenarbeit mit dem Pianisten Patrick Neuhaus. Nach der Vorstellung fanden beide, hey, das hat Spaß gemacht. Aber das könnten wir noch besser. Also trafen sie sich öfters und fingen an zu experimentieren. Mal schrieb Lenz den Text, und Neuhaus komponierte die Musik dazu, mal war es umgekehrt. Als »Duo Hohe Stirnen« tourten sie mit ihren Gedichten, musikalisch untermalten Geschichten und eigenen Klavier- und Akkordeonstücken durch die Schweiz.

Als die Redaktion der Solothurner Zeitung einen dieser Auftritte besuchte, bezeichnete sie Pedro Lenz in ihrem Bericht als »eine Mischung aus Dandy, Schöngeist und scheuer Student, gelernter Maurer mit Maturaabschluss, der die Gedichte von Höhen und Tiefen, Unzulänglichkeiten und Zufälle des Alltags in eine einfache, aber poetische, manchmal lautmalerische Sprache bringt, oft – selbst in der Ironie – getragen von einer leisen Melancholie«.

Kurz danach, und etwa gleichzeitig mit der zweiten Buchpublikation von Lenz, entstand die Mundartgruppe

»Bern ist überall«, gegründet von den Autoren Beat Sterchi, Guy Krneta, Pedro Lenz und dem Musiker Adi Blum. Immer mehr Künstler kamen dazu, zuerst Autoren, dann Musiker. Aus der Bühnenszene entstanden, ist das Ensemble immer mehr gewachsen und existiert als Verein bis heute, gerade erst feierte er sein fünfzehnjähriges Jubiläum.

Da war er nun also: Pedro Lenz der Performer. Kurz bevor es richtig losging, bevor Lenz zu einer eigenen Marke wurde, hatte er sich noch bei Beat Sterchi beklagt. Ich komme nicht weiter, ich werde nicht ernst genommen als Schriftsteller, nur als Globi bei den Poetry Slams. Sterchi beschwichtigte: Das stimmt nicht, Lenz. Die haben es einfach noch nicht gemerkt, oder deine Texte müssen halt noch ein wenig reifen. Mach weiter, du musst einfach weitermachen anstatt zu jammern. Heute erinnert sich der 69-jährige Sterchi nicht mehr so sehr an den Kampf, den Lenz damals ausfocht, als vielmehr an seinen schnellen Erfolg:

»In dieser Zeit sind wir mit dem Ensemble »Bern ist überall« zusammen aufgetreten. Und Lenz hat gemerkt, dass er gut ankommt vor Publikum. Das trieb ihn an weiterzumachen, und schon bald ist er zu einer eigenen Marke geworden. In meinen Augen ging es relativ schnell, bis Lenz der Pedro Lenz wurde, der er heute ist. Ich erinnere mich noch daran, als er ein Buch mit Kolumnen aus dem Bund herausgegeben hatte und mich fragte, ob ich das Vorwort dazu schreiben würde. Entlohnt hat er mich fürstlich, mit sechs Flaschen Rioja. Jetzt, fünfzehn Jahre später, habe ich ihn gefragt ob er das Vorwort für mein neuestes Buch schreibt. So schließt sich ein Kreis.«

So ging es immer weiter, Lenz tourte mit seinen Mundartcombos durch die Schweiz, schrieb Kolumnen für die WOZ, die NZZ, den Nebelspalter. Dann erhielt er ein Literaturstipendium der Stadt Bern für Glasgow, Schottland. Ein halbes Jahr nur Schreiben, noch fokussierter. In Glasgow haben ihn Kollegen darauf angesprochen, warum er eigentlich in einer anderen Sprache schreibe als er spreche. Dieser Gedanke leuchtete Lenz ein, er blieb aber vorerst bei der deutschen Schriftsprache. Zurück in der Schweiz kam Ricco Bilger auf ihn zu, Leiter des Bilgerverlags, von dem Lenz meinte, das sei jetzt schon der ganz große Verlag. Er würde gerne etwas von ihm verlegen, aber ob er nicht einen Roman hätte, das wäre ihm lieber. Nein, einen Roman hatte Lenz nicht. Stattdessen bot er ihm »Das Kleine Lexikon der Provinzliteratur« an. Okay, das nehme ich, sagte Bilger, und brachte es 2005 auf den Markt. Pedro Lenz konnte es kaum fassen. Und er dachte, jetzt ist es so weit. Jetzt bin ich Schriftsteller. Im gleichen Jahr gab es die ersten Preise: Kleinkunstpreis Goldener Biberfladen Appenzell, Kulturpreis der Stadt Langenthal. Rezensionen in allen wichtigen Zeitungen, auch in den unwichtigen, seine Merkmale wurden jetzt noch prägnanter hervorgehoben, seine scharfe Beobachtungsgabe, seine Liebe zum Durchschnitt, seine Fähigkeit, das Besondere im Alltäglichen zu sehen:

»Ein witziges Buch, das die Eigenheit der ländlichen Schweiz und deren Bewohner überraschend genau wiedergibt.«
(Blick, März 2005)

»Ja, Pedro Lenz kennt die Provinz wie seinen Hosensack. (…) Bis heute befasst er sich intensiv mit dem unscheinbaren Alltag von Jedermann, inspiziert liebevoll die Außenseiter en gros et en détail.«
(Berner Zeitung, März 2005)

»In allem erweist er [Pedro Lenz] sich als ein sorgfältiger Beobachter, der keine seiner Figuren denunziert; sein Witz wirkt nie beißend. So bildet das Lexikon letzten Endes eben doch mehr als eine nur ironische Liebeserklärung an die Provinz.«
(NZZ, Mai 2005)

Im Rückblick nennt Pedro Lenz die Zeit zwischen seinem 25. und 35. Lebensjahr seine Inkubationsphase. Wie bei einer Krankheit hatte er sich mit dem Schriftstellervirus bereits infiziert, aber es dauerte, bis es schließlich ausbrechen konnte. »Plötzlech hets ghäscheret«, sagt Pedro Lenz und meint damit nicht 2005, sondern 2008. In diesem Jahr schaffte er, was man bei einer Karriere als Durchbruch bezeichnet. Man kannte ihn bereits davor, spätestens seit der dritten Veröffentlichung auch über Langenthal und Bern hinaus. Er war jetzt Pedro Lenz, wahlweise der Kabarettist und Autor, Poetry-Slammer und Autor, Berner Performer, Erzähler der Radiomorgengeschichten auf

DRS 1. Doch wie heute war es bereits damals: Die meisten kannten seine Stimme besser als seine Bücher. Diese »sonore Stimme«, als die sie bald von allen beschrieben wurde, tief, bauchig, Vertrauen erweckend. Den Singsang seiner Wörter, seinen Oberaargauischen Dialekt. So kannte man ihn, den »Schriftschtöuer us Langedaau«. Eines Tages kam der Cosmos Verlag aus Bern auf ihn zu und drängelte, er solle doch einmal so schreiben, wie er spreche. Dieser »Schriftschtöuer us Langedaau« könne doch genau so schreiben. Zu dieser Zeit war diese Verschriftlichung der Mundart gerade langsam im Kommen, es lag im Trend zu schreiben, wie einem der Schnabel gewachsen ist. Ernst Burren hatte es gemacht, Margrit Staub-Hadorn, auch Guy Krneta von »Bern ist überall« und vor allem Beat Sterchi, sein Vorbild, sein Kollege, sein Freund, auch er hatte bereits in Mundart geschrieben. Pedro Lenz erinnerte sich an die Kollegen aus Glasgow und es leuchtete ihm ein, dass die Sprache, die er täglich gebrauchte, am besten geeignet war, um sich als Schriftsteller auszudrücken. Aber er hatte Vorbehalte. Gerade fühlte er sich zum ersten Mal ernst genommen als Schriftsteller, das wollte er nicht kaputt machen. Mit Mundart-Literatur, so seine Sorge, könnte man ihn in die Schublade der Blüemlitrog-Autoren stecken, zu den »Üüh, mir mache schöns Züüg«, zu den »Lug eis, wie schön ischs Früecher gsi«-Autoren. Doch Lenz wagte einen Versuch und begeisterte damit den Verlag, der auch gleich einen Titel vorschlug: »Ärdeschön und Himutruurig.« Lenz konnte es nicht fassen. Nein, eben gerade nicht! Und er sagte, kommt, wir nennen es einfach »Plötzlech hets die am Füdle«. Und so wurde es gemacht. Der Titel bezog sich auf eine Zeile in einem der Texte und meint so viel wie »Auf dem falschen Fuß erwischt«. Bis heute hat sich dieses Buch etwa 20 000 Mal verkauft – und verkauft sich noch immer, ist ein Longseller geworden.

Dafür gab es wieder Preise. Diesmal nicht einfach ein »Biberli«, sondern gleich den Berner Literaturpreis 2008. Mit Preisen fängt eine Karriere richtig an, das wurde Lenz bewusst. Und im Rückblick dachte er auf einmal selbst: Das war ja gar nicht so schwer. Das ging ja doch relativ schnell. Von den ersten Publikationen zum Mitglied im Autorenverband und zu den Preisen. Aber so ist das oft, »im Hingerdrii« hat man leicht reden. Wie wenn einer die Matura absolviert und dann sagt, diese Prüfung war ja gar keine so große Sache, das werde überschätzt. Aber die Karriere von Pedro Lenz folgte eben keiner geraden Linie, viel eher waren es »viele Nebenflüsse, die schließlich zu einem Strom zusammenflossen«.

Dieser Strom nahm schließlich mit der Publikation des Romans »Der Goalie bin ig« volle Fahrt auf. Es war der erste Mundartroman von Lenz. Anders als der Titel suggeriert, hat er nur sehr wenig mit Fußball zu tun. Sondern viel mit Gutmütigkeit, Freundschaft und Verliererpech. So landet der Protagonist, der eigentlich Ernst heißt, aber von allen nur Goalie genannt wird, erst beim Gift und dann für ein Jahr in »Witzwiu«, in der Kiste. Danach will er wieder Fuß fassen im Alltag von Schummertal, weg vom Gift und falschen Freunden, was sich jedoch als gar nicht so einfach herausstellt.

Im »Bund« war ein Jahr nach der Veröffentlichung 2011 zu lesen:

»Mit der ans Herzen gehenden, sentimentale Klippen souverän umschiffenden Geschichte des alltagsweisen Ex-Drögelers, der von einem bescheidenen Leben an einem nicht zu schattigen Plätzchen träumt, hat Pedro Lenz seit dem Erscheinen des Mundartromans wahre Triumphe gefeiert: Über 10 000 verkaufte Exemplare, ein Schillerpreis und ein Literaturpreis des Kantons Bern wurden ihm dafür zugesprochen, die Verfilmung des Romans ist beschlossene Sache und für 2012 geplant.«

Heute sind es bereits über 30 000 verkaufte Exemplare und weitere Preise, die mit der Veröffentlichung einhergingen. Der Kulturpreis der AZ-Medien 2012, Preis für Literatur 2014 des Kantons Solothurn und der Schweizer Kleinkunstpreis 2015 vom Bundesamt für Kultur. »Bei seinen Lesungen passiert das kleine Wunder, dass das Publikum herzhaft lacht – und doch ernsten Geschichten lauscht«, ist einer Laudatio zu entnehmen. Der Roman wurde als Theaterstück inszeniert und der Film 2014 in sieben Kategorien für den Schweizer Filmpreis nominiert. Neben der Hauptauszeichnung als »Bester Spielfilm« erhielt der Film den Preis für das »Beste Drehbuch«, die »Beste Filmmusik« und Marcus Signer wurde als »Bester Darsteller« ausgezeichnet. Weitere Nominierungen gab es in den Kategorien »Beste Nebenrolle«, »Beste Darstellerin« und »Beste Montage«.

Heute zählt Pedro: Elf Bücher, zwei davon Romane, plus Übersetzungen in zehn Sprachen, plus Theateraufführungen und Verfilmung, außerdem ist er Co-Autor zahlreicher Sammelbände, Aufnahmen wie »Angeri nä Ruschgift« oder von Bühnenauftritten mit »Bern is überall«, »Hohe Stirnen« oder anderen Programmen. Pedro Lenz, der Performer, die Marke, der Volksschriftsteller, ist so gegenwärtig zu einem der beliebtesten und bekanntesten Mundart-Autoren der Schweiz geworden.

Doch etwas ist er während seiner ganzen Karriere als Schriftsteller nie wieder losgeworden: dass man seine Person besser kennt als seine Bücher. Bald wusste jeder Bescheid über seine Stimme, seinen Dialekt, die großen braunen Augen mit dem sehnsüchtigen Blick, die tief eingeschnitzten Tränensäcke, über seine Körpergröße von 2 Meter 02 (»wie isch z Wätter da obe, Pedro?«). Und es fing an, ihn aufzureiben, hey, ich bin nicht euer Globi, keine Witzfigur, ich bin hier, um etwas zu lesen. Ja, lies Pedro, lies – aber viele seiner Zuhörer haben ihn selbst nie gelesen. »Me ghört ne« sagen die Leute, das ist halt sein Markenzeichen, »Me ghört ne eifach.«

Noch in diesem Jahr schrieb ein Journalist der Weltwoche in einem Artikel über die Merkmale sogenannter Volksschriftsteller und gab ganz unverblümt zu:

»Bei Pedro Lenz sind die Mundart-Bücher nicht einmal mehr Nebenprodukt, sondern eigentlich ganz überflüssig. Wenn man nicht an eine Lesung gehen kann, so bleiben als zweite Wahl seine Hörbücher auf CD, auf denen er selber vorliest. Mit ihnen lässt sich die eigene Stube oder das Auto mit der herzerwärmenden Lenz-Melancholie füllen.« (Weltwoche, März 2018)

Im Grunde hat sich Pedro Lenz einen Traum erfüllt: Seine Texte sind nicht einem akademischen Publikum allein vorbehalten, werden nicht nur in erlauchten Intellektuellenkreisen geschätzt, nicht nur von Feuilletonisten diskutiert. Nein, sie erreichen auch noch die hinterste Hundsverlochete der Schweiz. So wurde er, was er sich gewünscht hatte: der Autor der Nicht-Leser. Dieser Wunsch hat seinen Ursprung in der Zeit, als Lenz als Maurer in Zürich arbeitete. Damals kam es vor, dass ihn seine studierten Freunde zu einer Lesung oder einem Vortrag mitnahmen und Lenz danach das Gefühl hatte, nicht alles ganz verstanden zu haben. An dieses Gefühl erinnerte er sich später immer wieder, vor allem als er begann, immer mehr zu verstehen. Als Jugendarbeiter in Langenthal, als 30-jähriger Schüler an der Feusi, als Student der Uni Bern. Und er nahm sich vor, dass er, sollte er tatsächlich einmal Schriftsteller werden, nie jemandem dieses Gefühl vermitteln will. Das hat er geschafft. Mit seinen einfühlsamen Beobachtungen gibt er auch dem durchschnittlichsten Durchschnittsschweizer das Gefühl: Ich bin einer von euch. Dass der Preis, den er dafür zahlt, sehr hoch sein kann, sollte er bald schon erfahren.

Kapitel 9: Die Sache mit dem »Gspüri«: eine Spurensuche

72 Man kann verschiedene Theorie aufstellen, wie Pedro Lenz der wurde, der er ist. Wie er dieses »Gspüri« für die Menschen entwickelte, diese scharfe Beobachtungsgabe, diese Liebe zum Durchschnitt und die Fähigkeit, das Besondere im Alltäglichen zu sehen. Eine liegt im Durchschnitt selbst, in der Hauptstadt des Durchschnitts besser gesagt. Seiner Heimat Langenthal. Auch wenn Langenthal zweifelsohne die Heimat von Pedro Lenz war – heimisch fühlte er sich nicht immer.

Ausgerechnet Langenthal, dieser »Hauptort des Mittelmaßes«, zu dem ihn Marktforschungstests in den 1970er-Jahren zur Ermittlung des Schweizer Geschmacks erkoren, ausgerechnet dieses farblose Stück mitten im Mittelland war die Heimat von Pedro Lenz. Eine Heimat, zu städtisch für ein Dorf, zu dörflich für eine Stadt. Zwar besitzt Langenthal offiziell seit 1793 das Stadtrecht, die meisten Einwohner sprechen aber bis heute noch von ihrem Dorf. Oder ganz einfach vom Ort. Man geht in die Ortsmitte, nicht in die Altstadt. Ein Ort eben, in dem fast jeder jeden kennt, was in dem Goalie-Roman von Lenz etwa an folgender Stelle zum Ausdruck kommt: »Louf mou bi Tagesliecht z

Schummertau usem Polizeiposchten use, ohni dass di öpper gseht, wo di kennt. Das chasch grad vergässe. Grüessech, Frou Hofstetter.«

Dabei gehörte die Familie Lenz zu den Zugezogenen. Der Vater kam aus St. Gallen, die Mutter als Spanierin nach Langenthal. Doch natürlich ist es Pedro Lenz als kleinem Jungen nicht in den Sinn gekommen, seine Herkunft zu hinterfragen oder über seine Heimat zu reflektieren. Wie das kaum einem kleinen Jungen in den Sinn kommt. So waren es nur Episoden, für Außenstehende kaum hörbare Zwischentöne, die ihn vermehrt verunsichert zurückließen und ihm zeigten, dass er zwar willkommen ist, aber eben auch ein wenig neben den Schuhen steht.

Er merkte es an den Essgewohnheiten.

Wenn andere zum z'Vieri gerufen wurden, blieb Pedro Lenz allein zurück. Musst du nicht auch zum z'Vieri?, fragten ihn seine Spielkameraden. Pedro musste nicht. Nein, sagte er, vielleicht später, vielleicht auch gar nie, keine Ahnung. Oder wenn alle um sechs beim Abendessen waren, als bei Familie Lenz noch lange nichts auf dem Tisch stehen würde. Oder wenn seine Mutter Tortilla zubereitete anstatt Rösti.

Er merkte es an den anderen, die anders waren:

Da war Herr Rutishauser, der mit einer Amerikanerin verheiratet war. Die Mutter von Pedro Lenz, eine Madrileña, verstand sich auffallend gut mit Frau Rutishauser. Sie lebten nur ein paar Schritte von der Familie Lenz entfernt, aber das Haus war größer, schicker, mit einem Swimmingpool im Garten. Wenn Pedro Lenz manchmal mit auf Besuch ging, erlebte er seine Mutter offener und entspannter als sonst. Und auch wenn er nicht genau sagen konnte wieso, hatte er das Gefühl, da verstehen sich zwei, die beide nicht so recht hierher gehören.

Fakt war, dass Lenz zu dieser Zeit der einzige Halb-Ausländer in seinem Quartier war. In dieser heilen Welt, umzäunt mit Lättlihaag, in der man am Samstag den Rasen mähte und am Sonntag die Autos schamponierte. Eine Welt, die gepflegt war, herausgeputzt und eigenen, unverrückbaren Regeln zu folgen schien. Einzig in den Hochhäusern nahe des Gaswerkes sind irgendwann Italiener eingezogen. Aber das war nicht sein Gebiet.

Und wenn Lenz zu zweifeln begann und sich fragte, ob er denn wirklich dahin gehöre, sich schließlich an seinen Vater wandte und fragte: Papa, sind wir Schweizer?, und dieser antwortete: »Ja, klar! Wir sind Schweizer, und du hast noch eine spanische Mutter und darauf kannst du stolz sein.« So traute Lenz der Sache nicht ganz. Und es muss dieses Gefühl gewesen sein, das dazu führte, dass in ihm damals der Entschluss heranreifte, alles in seiner Macht Stehende dafür zu tun, einer von ihnen zu werden.

So fing Pedro Lenz an, anfangs noch unbewusst, aber dennoch beständig, die Schweizer Bevölkerung und ihre Gepflogenheiten genauer zu beobachten. Er wollte genau wissen, wie man sich hier verhält, richtig verhält, ohne als jemand aufzufallen, der nicht von hier ist. Wie ein Ethnologe bei seiner Feldstudie analysierte Lenz seine Umgebung und fragte sich: Wie lebt man als Durchschnittsschweizer in einer Schweizer Durchschnittsstadt? Eine Frage, die ihn noch Jahrzehnte später begleiten würde und durch die er alles aufsaugt, das ihm begegnet: Der Sonntagsausflug, die Züpfe, das Wunschkonzert auf Radio Beromünster. Bahnhöfe, Unterführungen, der Wägelimann, die Kioskfrau, das Bärlauchsammeln, der Jura. Die Agglomeration, die Rösti und der Röstigraben. Dabei einverleibte sich Pedro Lenz, spanischer Muttersprachler, den oberaargauischen Dialekt von »Langedaau« gerade so, als würden seine Vorfahren seit Generationen aus dieser Provinz stammen.

Bis heute hat Pedro Lenz nie ganz aufgehört mit dieser Milieustudie der Schweizer. Und vielleicht ist er gerade deswegen der Schriftsteller geworden, in dessen Geschichten sich auch der durchschnittlichste Durchschnittsschweizer wiederfinden kann. Ja, gerade der! Raphael Urweider, der Lyriker und enge Freund von Lenz, sollte ihm später eine Überangepasstheit diagnostizieren, die vermutlich diese frühe Erfahrung mit sich brachte.

Eine andere Theorie, eine, die in den Medien oft als Erklärung herangezogen wird, ist jene mit dem Büezer-Gen. Dass Pedro Lenz sein »Gspüri« für Menschen und seine scharfe Beobachtungsgabe seiner Zeit als Maurer zu verdanken hat.

In so manch einem Interview wurde Lenz gefragt, was ihn die sieben Jahren auf dem Bau gelehrt hätten. Darauf hat er natürlich einige Antworten parat. Eine ist, dass er gelernt hat zu beißen, nicht immer gleich aufzugeben. Dass alles seine Zeit braucht und nichts von einem Tag auf den anderen geschieht. Das sind die kurzen Antworten, die naheliegenden. Es gibt aber noch mehr.

Zum Beispiel hat er Wertschätzung für die Arbeit gelernt, die andere für ihn verrichten. Für die Kellnerin des Restaurants Flügelrads, die ihm den Kaffee bringt. Für die Straßenkehrer, die den Bahnhof Olten sauber halten. Die Zugführerin, die ihn sicher zu seinen Auftritten bringt. Die Lichttechniker, die bei seinen Auftritten die Lampen aufhängen. Die Kameramänner, die einen Fernsehauftritt von ihm filmen. Es sind immer auch die Menschen im Hintergrund, die Lenz bis heute beeindrucken und in seiner Literatur zu Helden werden.

Die Zeit als Maurer hat Lenz auch Verständnis gelehrt.

Zum Beispiel für andere politische Positionen. Wenn sich manch ein Büezer mit einem harten Leben und einem geringen Einkommen zu der Schweizerischen Volkspartei SVP hingezogen fühlt, kann Lenz das verstehen. Auch wenn er es nicht gerne sieht, weil es nicht sein dürfte. Ausgerechnet die, die sich doch solidarisieren sollten! Aber er weiß auch, dass die erlebte Emotion die wahre ist und sie den schlecht bezahlten Büezern sagt, man werde vergessen in dieser Gesellschaft der Gewinner. Und dass die Einzigen, die einem jetzt noch helfen können, die Starken sind.

Pedro Lenz hat auch Verständnis für jene Büezer, die abends nach der Arbeit nur noch fernsehen wollen. Und nichts anderes mehr tun als arbeiten und fernsehen. Denn er weiß, wie es sich anfühlt, den ganzen Tag bei Wind und Wetter draußen zu arbeiten, und er kann sich noch gut daran erinnern, wie müde er damals war, dass er es kaum noch geschafft hat, mehr als eine Seite in einem Buch zu lesen. Dass er den Abend am liebsten mit einer Pizza auf dem Sofa verbracht hätte, berieselt vom RTL-Abendprogramm. Dagegen hat er sich damals mit aller Kraft gewehrt. Er ging mit seinen Freunden ins Kino, lieh sich ihre Bücher und traf sich tags drauf, um darüber zu diskutieren. Er wollte alles in seiner Macht Stehende dafür tun, nicht zu versimpeln.

Die größte Lehre aus seiner Erfahrung auf dem Bau ist aber eine andere: Unterschätze niemanden. »Wenn mein Gegenüber eine andere Allgemeinbildung hat, ist der noch lange kein dummer Mensch. Das vergessen die Intellektuellen oft«, sagte er etwa in einem Interview mit dem »Tages-Anzeiger«. Büezer seien oft sehr feinfühlige und emotional intelligente Menschen, mit mehr Empathie als manch ein Gelehrter.

Ist es also diese Erfahrung aus der Arbeitswelt, die ihm sein »Gspüri«, die scharfe Beobachtungsgabe und die Liebe zum Durchschnitt geschenkt hat? Nach der Veröffentlichung seines dritten Buches, »Das Kleine Lexikon der Provinzliteratur«, schrieb Beat Sterchi, sein Vorbild, sein Kollege, sein Freund, am 30. April 2005 in der Mittelland-Zeitung dazu:

»Mit dem eben erschienenen schlitzohrigen ›Kleinen Lexikon der Provinzliteratur‹ hat Pedro Lenz nun schon drei Bücher veröffentlicht. Darin erzählt er gerne, ebenso wie auf seinen handgroßen Kärtchen bei Auftritten, aus jener Welt der Werktätigen, die zwar einen unentbehrlichen Teil unserer Realität bildet, die literarisch aber gerade mal wieder nicht sehr gefragt ist. Sein Universum ist dicht bevölkert mit Menschen, die sonst in Kunst und Kultur eher selten zum Thema werden. Das mag damit zusammenhängen, dass Pedro Lenz schon lange vor seiner ersten Publikation und seinem Wirken als Kolumnist sowie Mitglied der Mundartcombo ›Bern ist überall‹ Handfestes und Bleibendes geschaffen hat.

Als wir einmal nach einem Auftritt in Zürich zum Bahnhof gingen, sagte er plötzlich, hier, an dieser Brücke habe er mitgebaut. Dort habe die Baubaracke gestanden. Er fügte gleich noch ein paar bautechnische Details und ein paar für ihn so typische kleine Charakterisierungen der Kollegen und des Chefs hinzu. Ich weiß nicht, wie Pedro Lenz schreiben würde, hätte er nicht auch in der Arbeitswelt Erfahrungen gesammelt. Aber eines meiner Lieblingsgedichte, ›Toledo‹, wäre sicher nicht entstanden.«

Toledo
Toledo hat nur einmal,
in über neunzehn Jahren,
auf der Arbeit gefehlt.
Das war an jenem Tag,
als in Volketswil
sein Polier bestattet wurde.
Toledo wollte sicher sein,
dass der Sauhund wirklich tot ist.

Heute sieht Beat Sterchi diesen Einfluss jedoch etwas relativer: »Natürlich hat Pedro Lenz diese Erfahrung geprägt. Wie uns alle Erfahrungen im Leben prägen. Aber wenn du nicht wach bist, bringt dir das gar nichts! Entweder bist du aufmerksam, präsent – oder du bist es nicht. Dann hörst du aber die Geschichten nicht.«

Auch Lenz zweifelt daran, ob man für all diese Einsichten wirklich sieben Jahre auf dem Bau arbeiten muss. Persönlich würde er diese Erfahrung heute nicht überschätzen. Zwar hatte er es eine Zeit lang ein wenig zu seiner Marke gemacht: »Vom Maurer zum Schriftsteller« – das kam gut an, hat seiner Karriere Auftrieb gegeben. Aber, Hand aufs Herz, er war nun wirklich kein Arbeiterkind, das sich aus eigener Kraft hochgearbeitet hat. Die Zeit auf dem Bau sieht er als einen selbstauferlegten, wenn auch etwas anstrengenden Umweg. Nicht mehr und nicht weniger.

»Ich pflege die Mundart nicht – ich gebrauche sie einfach.«

Kapitel 10: Freund des Volkes, Freund der Menschen

82 »Was mich interessiert, sind Figuren, die ich kenne und begreife. Das heißt nicht, dass ich nicht auch einmal über einen Politiker schreiben könnte oder über einen Lastwagenunternehmer. Aber es muss eine Nähe geben. SVPler haben die Liebe zum Volk ja nicht erfunden, die gab es vorher schon. Und ich bin vermutlich näher am Volk als mancher von denen.« (Interview im Tages-Anzeiger, 25.1.2014)

Beim Schreiben wie im Leben sagt Pedro Lenz: »Ich will die Leute vom Rand in die Mitte holen.« Mit seiner Literatur will er zeigen, dass das Leben von dem, der an der Kasse steht und eine Flasche Cola light und eine Packung Nüssli für den Fernsehabend kauft, auch erzählenswert ist. Dass er auch einen Wert hat, Protagonist einer Geschichte zu werden. Auch wenn er nicht auf Instagram brilliert. Denn das Leben, wie es Lenz kennt, erzählt keine abgeschlossenen Geschichten. Keine, die nur glänzen.

Dabei hält er es wie seine Romanfigur Goalie, als dieser dem irritierten Richter in Aarwangen zu erklären versucht: »I gseh immer nume die chliine Gschichte. Für die grossi, zämehängendi Gschicht, mit Logik und Spannigsbogen und auem, was derzue ghört, do fäut mir gloub eifach d

Begabig. Abr villech interessierts mi eifach z weni, wüu mi di chline Gschichte vüu meh interessiere.«

Diese Nähe zu den sogenannten kleinen, einfachen Leuten ist es, die ihn zu einem sogenannten Volksschriftsteller machte. Und glaubt man demselben Weltwoche-Journalisten, der behauptete, die Mundartliteratur von Pedro Lenz sei im Grunde überflüssig, belegt Lenz als Volksschriftsteller in der Schweiz den obersten Platz, derzeit zusammen mit dem Bündner Autor Arno Camenisch. Zur älteren Generation zählt er Peter Bichsel und Franz Hohler. Doch was ist ein Volksschriftsteller? Der Journalist definiert es in dem Artikel so:

»Ein Volksschriftsteller erreicht eine Leserschaft über alle Bildungsschichten hinweg: weil er Alltagssprache gekonnt in seine Schriftsprache zu integrieren weiß, weil seine Helden normale Leute sind, wie man sie in jeder Beiz antreffen könnte, weil seine kauzigen Figuren immer mit großer Liebe beschrieben sind.«

Mit großer Liebe. Damit kommen wir zu einer weiteren Eigenschaft, die Pedro Lenz zu dem Schriftsteller machte, der er heute ist. Eine, die nirgends in der gleichen Weise in seinem Lebenslauf zu verorten ist wie die anderen Erfahrungen, seine Kindheit als Halb-Spanier in der Durchschnittsschweiz und seine Zeit als Büezer, die im vorangegangenen Kapitel beschrieben wurden. Was seiner Literatur in besonderem Maße dieses »Gspüri« verleiht, ist seine Zuneigung zu den Menschen. Denn Lenz ist ein Menschenfreund, und fragt man ihn, wen er nicht so gerne hat, dann antwortet er: »Ich mag meistens eben alle, habe ich sie erst einmal kennengelernt.« Und wie er das so sagt, klingt es fast wie ein Laster, das er nicht ablegen kann.

Diese Eigenschaft heben auch die Menschen hervor, die ihm nahestehen. Christian Brantschen ist so einer, der Musiker und Freund, der in den letzten Jahren viele seiner Bühnenprogramme begleitete und dabei mehr als zweihundert Mal mit ihm durch die Schweiz tourte. Fragt man ihn, welche Eigenschaften Pedro Lenz als Menschen und als Freund auszeichnen, antwortet Brantschen:

»Er ist ein sehr liebenswürdiger, umgänglicher Mensch. Er ist ein Freund. Und ein Menschenfreund. Das merkt man ja seinen Texten an, er hat die Menschen gern. Selbst wenn er humoristisch über sie schreibt, er tut dies immer mit einem liebenswürdigen Ansatz, ohne sich lustig zu machen. Das muss man erst einmal können, dieses Humorvolle herausschälen, ohne zu verletzen. So erlebe ich ihn auch im Umgang mit den Menschen, komplett frei von Allüren. Als ich das erste Mal das Buch ›Der Goalie bin ig‹ las, lag ich bei den letzten drei Kapiteln nur noch auf dem Sofa und weinte. Mach einmal einen Junkie zu einem großen Hit! Das kann nur er, mit seiner Empathie.«

Ähnlich klingt es bei seinem Schriftstellerfreund Beat Sterchi:

»So wie seine persönlichen Umgangsformen sanft und freundlich sind, ist sein Humor nie verletzend, seine Satiren funktionieren ohne harte Stiche und böse Pointen. Unter der Gürtellinie läuft gar nichts. Pedro Lenz kann dieses Gefühl von Nähe erzeugen, weil er beobachtet, weil er aufmerksam ist. Vor allem aber, weil er die Menschen mag.

Weil er sich für die Menschen interessiert, und interessieren heißt, sich selbst zu öffnen, sie an sich ranzulassen. Nur deswegen gibt es die Pedro-Lenz-Geschichten.«

Unterschätze niemanden! Das hat Lenz in der Zeit auf dem Bau gelernt.

Wenig bringt ihn daher mehr auf die Palme als Witze auf Kosten anderer. Besonders von Künstlern, die Volksnähe suggerieren, das Volk aber nur als Spielball für ihren Erfolg benutzen, indem sie es für dumm verkaufen. So etwa geschehen in einem Musikvideo von Trauffer, in dem er den Geißenpeter mimt, dem Heidi nachstellt (»sie schüttlet ihri Zöpfli und lüpft ihres Röckli – u macht ds Chnöpfli vo dr Bluse uf«). »Unsere Musik zaubert den Leuten ein Lächeln ins Gesicht und dient lediglich der Unterhaltung«, verteidigte sich Trauffer gegenüber dem Ostschweizer Newsportal FM 1 Today gegen den Vorwurf des Sexismus. Aber Lenz glaubt nicht, dass es das ist, was die Leute wollen, weigert sich, so etwas zu glauben. »Diese gemeinhin einfachen Leute sind nämlich nicht dumm. Aber vielleicht manchmal einfach zu müde, um sich noch mit etwas Neuem auseinanderzusetzen.« Oder wie sonst soll er sich den Erfolg stumpfsinniger, in kommerziellen »Hitmills« produzierter Inhalte erklären? Das ist einer der Kämpfe, die Lenz derzeit mit sich ausficht. Etwas harmloser, aber nicht weniger nervig findet er den Heimatpop, der uns immer wieder das Lied von einer Schweiz erzählt, die es so gar nicht gibt. »Wenn mir einer vorsingt, er habe Heimweh nach den Bergen, dem Schoggi und dem Wein, dann nehme ich dem das nicht ab. Sorry. Heimweh nach einem guten Glas Wein mit seinen Freunden, das ja. Aber Heimweh nach einem guten Schweizer Wein? Das glaube ich nicht.«

Mehr Pragmatismus bitte
Pedro Lenz will keine Alpenromantik heraufbeschwören, die im Leben der meisten Menschen ohnehin kaum zu finden ist. Die Schweiz, wie sie Lenz wahrnimmt, ist eine integrative Schweiz, eine ohne Swissness, die sich aus den Realitäten der Menschen zusammensetzt, die in ihr leben, nicht aus Heidi oder Wilhelm Tell. Zwar bestehen rund 60 Prozent des Landes aus Bergen. Der Großteil der Bevölkerung lebt aber im Mittelland, das 30 Prozent der Schweiz bedeckt. Und wenn Lenz nach Argentinien reist, empfindet er seine Lebenswelt einem Stadtbewohner aus Buenos Aires ähnlicher als einem Senn aus dem Berner Oberland. Dennoch gibt es die Momente, in denen Lenz trotz aller Abgrenzung missverstanden wird.

Als Mundartautor steht Pedro Lenz zwei zentralen Problemen gegenüber: Die einen behaupten, das sei kein richtiges Deutsch und ergo keine richtige Literatur. Und die anderen romantisieren es und behaupten, nur Mundart sei das einzig Wahre, und behandeln ihren Dialekt wie einen Schatz, den es vor äußeren Einflüssen zu bewahren gilt. Stellvertretend für die zweite Kategorie wird Pedro Lenz gerne als Bewahrer »unserer schönen Schweiz« missverstanden, der »unsere schöne Mundart« verkörpert. Ein Bewahrer, kein Literat. Seine Texte scheinen bei manchen Menschen eine Art Heimatgefühl auszulösen, das über dem Inhalt steht. »Ühh schöön, wie du üsi Mundart pflegsch.«

– »Nein«, widerspricht Lenz. »Ich pflege sie nicht, ich gebrauche sie einfach.« Weil es eben seine Sprache ist. Lenz wünscht sich mehr Pragmatismus. »Die Schweiz und unsere Sprache sind normaler, als das manchen lieb wäre. Nur tun wir nicht so. Wir haben kein normales Verhältnis zu unserer normalen Umgangssprache, entweder wir verherrlichen sie oder wir schämen uns für sie. Und den Deutschen werfen wir Arroganz vor – dabei sind die einfach normal.«

Es gibt viele Situationen, in denen er merkt, dass er als Schriftsteller auf die Mundart reduziert wird. Zum Beispiel, wenn er jemandem erzählt, er gehe nach London, um aus seinem Buch vorzulesen und dann gefragt wird: Aus welchem Buch? – Der Goalie bin ig. – Das wurde auf Englisch übersetzt? Mach keine Witze Lenz, dich lesen die Leute dort? Und meinen, Pedro Lenz sei halt einfach ein Spaßvogel. Aber Lenz will kein Globi sein. Und er will kein Blüemlitrog-Autor sein. Also versucht er zu erklären, dass Literatur immer an einem Ort angedockt ist, immer von einer Lebenswelt ausgeht und dass es gerade so gut auch eine Stadt in Uruguay sein könnte, in der seine Geschichten spielen.

Anfang 2018 wurde sein zweiter Mundart-Roman »Di schöni Fanny« von seinem Freund Raphael Urweider ins Deutsche übersetzt. Die bekannte Literaturkritikerin Elke Heidenreich, die nur die deutsche Fassung kannte, beschrieb das Buch im Literaturclub als »eine gute Geschichte, gut erzählt, und das ist es, was gute Literatur ausmacht«, und lobte es als »ein ganz zauberhaftes kleines Juwel«. Der eingeladene Gast, der Politiker Gerhard Pfister, sagte dazu:

»Die Qualität des Buches zeichnet sich dadurch aus, dass es auch auf Deutsch verhebt.« Es ist diese Kritik, die Lenz mittlerweile besonders viel bedeutet. Weil es dabei nicht mehr um die Mundart geht, um seinen Dialekt und somit nicht mehr nur um seine Person. Sondern um den Inhalt. Einige Fans aber sind anderer Meinung, sagen: Hey, das kann man doch gar nicht, deine Literatur übersetzen. Da geht doch etwas verloren. »Natürlich«, sagt Lenz, »immer geht etwas verloren! Bei jeder Übersetzung geht etwas verloren, das trifft auch auf einen Stephen King oder Henning Mankell zu, Mundart ist da kein Sonderfall.«

Dann kennt Pedro Lenz noch eine Kategorie von Menschen, die ihm beinahe stolz erklären, dass sie Mundart nicht lesen können. Mundart, nein, das gehe nun wirklich nicht. Bis da einer kapiere, was gemeint ist, das sei nun wirklich zu anstrengend. Und Lenz fällt auf, dass diese Kategorie von Menschen meist sehr belesene und gebildete Menschen sind, und fragt sich, woher diese Aversion gegen unsere Sprache wohl kommt.

In einem Gastbeitrag in der NZZ am Sonntag von 2011 schrieb Pedro Lenz zum Thema: »Hören wir doch auf, das Hochdeutsche und das Schweizerdeutsche gegeneinander auszuspielen. Seien wir doch dankbar, dass wir Vieldeutsch können, nondediö!«

Für Lenz sind unsere Mundarten viel mehr ein Beispiel dafür, wie Integration gelingen kann. Auch hier denkt er pragmatisch: Wenn wir einen Ausländer bei uns einbürgern, machen wir ihn zu einem Teil unserer Gesellschaft, mit allen Rechten und Pflichten. Ähnlich verhält es sich mit der Sprache: zum Beispiel mit den viel beklagten Anglizismen. Wenn sich ein englisches Wort in unsere Mundart einschleicht, etwa »chille«, dann kann man dieses Wort entweder als Störenfried ansehen und es zum Teufel jagen oder man entscheidet sich dafür, es zu adaptieren, es in seinen Wortschatz einzubürgern und es so zu einem Teil von sich selbst zu machen. Und sogleich verliert es den Überfremdungscharakter. So geschehen etwa mit dem Wort »tschegge« von dem englischen Verb »to check«. Oder mit dem Wort »tschutte«: Das englische »to shoot« war das erste Wort, das hierzulande für diese Sportart bekannt war. Also kamen die Berner, Meister der Adaption, und sagten »tschutte«. Und sprachen selbstverständlich von Corner, Penalty und Offside. Auch Lenz hat erst später die deutschen Wörter Eckball, Abseits und Elfmeter gelernt. So, wie die Schweizer davor das Französische adaptierten und es heute keinem mehr komisch kommt, wenn einer von »Trottoir«, von »Couvert« oder »Necessaire« redet. So locker könnte es auch mit der Einbürgerung anderer Sprachen vonstattengehen. Und mit der Einbürgerung von Ausländern. Denn wer dazugehört, macht weniger Probleme. Mehr Pragmatismus, bitte. Und genau deswegen schreibt Pedro Lenz Mundart, genau deswegen ist er gerne Volksschriftsteller. »Weil man es nicht denen überlassen darf zu definieren, was die Schweiz ist, was das Volk will, was unsere Sprache ausmacht.« Nicht der SVP, nicht den Hitmill-Produzenten, nicht dem Heimatpop.

An diesem Punkt kommt der Weltwoche-Journalist bei seiner These über Volksschriftsteller kurz ins Stutzen und bezeichnet es als »interessant«, dass sich Pedro Lenz in der Öffentlichkeit bei vielen Themen klar als Linker positioniere, sich auf der anderen Seite aber über die Überheblichkeit mancher Intellektueller beschwere. Aber wie Pedro Lenz sagte: Die SVP hat die Liebe zum Volk halt nicht erfunden.

Kapitel 11: Vom Goldwaschen, und warum es hinten meistens besser aussieht als vorne

Als Mundart-Autor steht Pedro Lenz noch einem anderen Missverständnis gegenüber: der Annahme, er sammle seine Geschichten direkt von der Straße auf und müsse sie nur noch zu Papier bringen. »*Luft hole und öpis us dr Luft usehole*« – so einfach wie es klingt, ist es natürlich nicht. »Es gibt Menschen, die meinen besser zu wissen, was ein Pedro-Lenz-Text ist, als ich selber«, sagt er.

Also, wie entsteht ein Pedro-Lenz-Text?

Allem voran mit viel Arbeit. In bester Schreibform ist Lenz morgens, dann schreibt er etwa vier Stunden bis mittags, am Nachmittag probt er für Bühnenprogramme, verfasst Artikel, Kolumnen oder schreibt weiter, wenn es ihm möglich ist. »Schreiben ist wie Gold waschen«, sagt er. »Du musst ganz viel schaufeln für eine kleine Ausbeute.« Und Pedro Lenz hat sehr viel geschaufelt, fast manisch geschaufelt. Auch Nachdenken ist wichtig. Aber das kann Lenz ebenfalls am besten beim Schreiben, erst das Schreiben gibt seinem Denken eine Struktur. Dass man als Künstler einfach auf die große Inspirationswelle warten kann, daran glaubt Pedro Lenz wirklich nicht.

Und wo findet er die Pedro-Lenz-Texte?

»Schreiben ist wie Goldwaschen. Du musst ganz viel schaufeln für eine kleine Ausbeute.«

Lose do und lose dörten
und ghöre, ghöre, ghöre,
ghören au di Sprooche,
ghören au di Rhythme,
ghören au di Zischluten
ghören au di Nasaulute,
und ghören au di Kläng
und losen und ghöre,
was aues i di Handys 8
inebbloose wird,
was d Lüt nang z säge hei
und losen und ghöre,
was d Lüt nang nid wei säge,
was d Lüt zwüsche de Zile säge
und zwüsche de Lippe bhaute.

Natürlich indem er beobachtet, neugierig ist, viel unterwegs ist, mit den Menschen in Kontakt ist. Aber das allein reicht noch nicht. Denn gute Themen gibt es zuhauf! Und manchmal flattert fast täglich ein Vorschlag eines Lesers in seinen Briefkasten: Schreib diese Geschichte, schreib über jenes Leben, diese Person, das ist genau der Stoff für einen Pedro-Lenz-Text. Fast immer aber muss er sie enttäuschen. Denn noch vor dem Schreibprozess geschieht Entscheidendes: In seinem Kopf siebt er Gesehenes und Gehörtes aus. Wie könnte die Geschichte klingen, was hat sie für einen Rhythmus, für einen Sound? Dabei ist die Form des Textes noch fast entscheidender geworden als der Inhalt. Dass seine Texte am Ende so klingen, als hätte er sie direkt von der Straße aufgelesen, empfindet er trotzdem als Kompliment. Es ist ein Zeichen, dass er die richtige Form für eine Geschichte gefunden hat.

»Am Ende muss ich immer irgendwie einen persönlichen Bezug herstellen können, sonst klappt das nicht mit dem Schreiben«, ist ein anderer Aspekt seiner Themenfindung. »Ein Menschenleben gibt mehr her, als ich je schreiben könnte.« Und Lenz ist vor allem auch ein scharfer Beobachter des eigenen Lebens. Deshalb arbeitet er sich daran ab, pflückt von seinen Ressourcen, lässt sich von eigenen Erfahrungen zu Texten inspirieren. Seien das die Mundartgeschichten aus »Liebesgschichte« oder seine beiden Romane:

»Der Goalie bin ig« spielt im Schummertal, was als Synonym für seine Heimat Langenthal verwendet wird, und je mehr man von Pedro Lenz weiß, desto mehr erkennt man von ihm in dem Roman wieder: den Fußballplatz seiner Kindheit, die spanische Weinhalle, der Urlaub in Spanien. Auch der Goalie trinkt seinen Kaffee am liebsten schwarz ohne Zucker, Crème ohne Crème, wie man es von Lenz kennt, zuweilen auch mit einem Schuss »Brönnts«, um nur einige wenige Parallelen zu nennen. Ähnlich bei dem zweiten Roman »Di schöni Fanny«, der in seiner Wahlheimat Olten spielt. Er dreht sich um den Protagonisten Jackpot, der Schriftsteller werden will, seine Freundschaft zu zwei Künstlerfreunden und seine Faszination für eine Frau, die unerreichbar bleibt. Dabei erinnert Jackpot an die Zeit, als Pedro Lenz noch ein Schriftsteller ohne Publikation war, der seinen »Brüetsch« hie und da für Geld anheuern musste. Als zentrale Schauplätze in dem Roman fungieren Lenz' Lieblingsplätze in Olten: Jackpot fachsimpelt mit seinen Kollegen in der Galicia Bar, besucht ein Jazzkonzert in der Vario Bar oder trifft sich auf einen Kaffee im Café Ring. Auch die Künstlerfreunde hat sich Lenz im echten Leben abgeschaut: Die im Roman genannten Louis Brunner und Gregor Grunder verkörpern seine Oltner Malerfreunde Urs Borner und Jörg Binz. Die Wirklichkeit als Inspiration kommt auch im Roman selbst zur Sprache, als Jackpot zu dem Maler Louis sagt: »Mini Literatur läbt vo dr Würklechkeit. Ig bi gäge d Fantasie. D Fantasie isch für die wo nid wei häre luege, was würklech isch.« Sein Freund Louis pflichtet ihm bei, ergänzt aber: »Jo, aber d Kunscht mues d Würklechkeit verwandle, süsch isches ke Kunscht.«

Pedro Lenz findet in der Wirklichkeit das beste Ausgangsmaterial. Einige Dinge übernimmt er eins zu eins, vieles aber ist der Geschichte zuliebe abgeändert, gänzlich erfunden oder an dem Leben anderer angelehnt. Ein gutes Beispiel dafür ist sein Buch »Tanze wie ne Schmätterling«, in dem er die Geschichte der Boxlegende Muhammad Ali und dessen Kampf von 1971 im Zürcher Hallenstadion beschreibt. Bereits in seiner Kindheit war Lenz ein großer Ali-Fan. Vor allem weil man von ihm wusste, dass er ständig gesagt hat, er sei der Größte. Das hat Pedro Lenz imponiert, hatte man ihm doch von Kindesbeinen an eingebläut, Selbstlob stinke und solche Sachen. Lenz hat Ali nie kennengelernt und hatte auch keine Möglichkeit dazu. Für die Recherche schaute er sich zahlreiche Filme seiner Kämpfe an, las Bücher und grub im Archiv nach Texten über ihn. Das Zürcher Hallenstadion war ihm als Schauplatz bekannt, aber das reichte noch nicht. Also traf er seinen damaligen Gegner im Ring, den deutschen Boxer Jürgen Blin, um weitere Informationen zu sammeln. Als weitere zentrale Protagonisten ließ er einen Abwart und eine Coiffeuse auftreten, beides Figuren, die Lenz in seinem Alltag nahestehen. So ging Lenz über das Vertraute in die Fiktion. Die Bezeichnung »autobiografisch« würde Lenz ohnehin in Frage stellen: »Wenn ich über einen Maurerlehrling schreibe, der mit siebzehn Jahren in der Kälte geschuftet hat, ist das zwar an meiner damaligen Wirklichkeit angelehnt, aber dieser 17-jährige Junge, das bin schon lange nicht mehr ich.«

Aber Lenz schaut eben gerne zurück.

»Muesch füre luege, muesch füre luege, wird üs immer gseit. Abr was, wes vorne nume abwärts geit? Wenns hinge besser usgseht aus vore, de luegeni lieber hingere.«

Wie der Goalie in diesem Zitat hält es auch Pedro Lenz. Im »Hingedrii« sehen die Sachen meist einfach besser aus, wird das Erlebte noch intensiver, noch würziger, noch besonderer. Darin sieht er eine Stärke der Literatur: Sie hat die Fähigkeit, nach hinten zu schauen und dabei die Welt ein wenig zurechtzubiegen. Lenz schöpft das besonders gerne aus, weil er lieber die Vergangenheit beschreibt als die Zukunft. Eben kein Science-Fiction-Autor ist. Wenn ihn jemand fragt, und das geschieht oft, was das Literarische am Fußball sei, dann antwortet er: Dass man die vergangenen Spiele immer und immer wieder erzählen kann und sie dadurch eine Schönheit bekommen, eine Tiefe und eine

Bedeutung, die sie während des Spieles vielleicht nicht in dieser Intensität hatten. In der Erzählung kann das Geschehene wiederbelebt und dabei noch verschönert werden.

Deswegen stimmt es in gewisser Weise auch, dass früher alles besser war. Jedenfalls aus der Perspektive jener Menschen, die das behaupten. Denn das Früher, an das sich die Klagenden heute erinnern, war die Zeit, als sie noch keine Thrombose und kein künstliches Hüftgelenk hatten. Sondern noch fit waren, frei und verliebt. Und der Zeithorizont, der vor ihnen lag, sich noch über Jahrzehnte erstreckte, in denen alles möglich sein sollte, während er in der Gegenwart geradezu verschwindend klein geworden ist. Die Gefahr zu verbittern ist in Anbetracht dieser Umstände groß, und selbst was früher schlechter war, wird dabei gerne als Stärke ausgelegt: »Dieser 50-Kilometerlauf in der Rekrutenschule, als wir jung waren, das war ein Krampf, der einer Folter gleichkam. Und heute, da werden sie ja mit dem Leiterwagen gefahren!« Missgunst, eine bekannte Folge des Älterwerdens. Gleichzeitig fällt es schwer, sich mit den neuen Umständen anzufreunden. »Früher, da bestand die Schweizer Fußball-Nati noch aus echten Schweizern! Und heute zeigen sie die Kosovarenflagge, wenn sie ein Tor schießen.«

Pedro Lenz kann das verstehen. Aber nicht akzeptieren. Deshalb möchte er eingreifen, künftig noch mehr, als er das schon tut. Er möchte diese Angst vor der Zukunft, Angst vor dem Fremden literarisch angehen und klarstellen, dass es nie mehr so sein wird wie früher. Dass es die Schweiz, so wie sie manche Leute noch kennen, nie mehr wieder geben wird. Diese Schweiz, in der alle Schweizer einen Bezug zum Rütlischwur haben, ist passé. Und dass dies keine Frage der Wertung ist, sondern eine Tatsache, der man sich besser stellen sollte. Zum Beispiel indem man versucht, es positiv zu sehen: Seit die Schweizer Nati auch ausländische Wurzeln hat, ist sie viel besser geworden! Das sind die Themen, die Lenz derzeit umtreiben und die er gerne in seinem nächsten Buch verarbeiten will. In einem Essay dazu, das er für die Nachrichtensendung »Echo der Zeit« von SRF verfasste, klang das folgendermaßen:

»Der Schweiz sind Flügel gewachsen. Zwei herrliche Tore zweier flinker Schweizer haben der Schweiz einen memorablen Fußballsieg gegen Serbien ermöglicht. (…) Es ist kompliziert geworden mit der Heimat (…). Vielleicht haben neue Schweizer es zuweilen ziemlich satt, immer wieder spüren zu müssen, dass ihr Schweizersein ein Schweizersein zweiter Klasse ist. Es kann dann vorkommen, dass sie nach einem Torerfolg denen den Stinkefinger zeigen, die von ihnen stets mehr verlangen, als sie von sich selbst verlangen. Mancher Stinkefinger hat die Form eines doppelköpfigen Adlers. Die Schweiz kann sich von diesem Doppeladler provozieren lassen oder sie kann ihn als Zeichen dafür deuten, dass dem Land neue Flügel wachsen, die es in eine verheißungsfrohe Zukunft tragen.«

Lenz ist sich bewusst, dass er mit solch klaren Positionen auch Teile seiner Fans provozieren kann. So geschehen nach der Ausstrahlung dieses Essays, als ein Leser mit einer erbosten E-Mail die sofortige Aufkündigung seiner Treue einreichte. Mit diesen Menschen würde er dann gerne in einen Dialog treten, einfach um zu fragen, warum es sie so wütend stimmt. Aber er hat gelernt, dass er das besser nicht tun sollte, weil es leider zu nichts führt.

Dabei steckt auch in Pedro Lenz ein Nostalgiker, und es gibt Dinge, die er sich (zurück) wünscht. Mehr Augenkontakt, weniger Smartphone-Wischerei, mehr Kollektivität, weniger Vereinzelung, mehr Natur, weniger Zersiedelung der Landschaft, mehr Kleingewerbe, weniger verwaiste Innenstädte. Mehr Beizenromantik, weniger Facebook. Aber wenn er zuweilen wehmütig in die Vergangenheit schaut, hofft er, dies stets augenzwinkernd zu tun, nie belehrend. Denn er weiß, wenn Dinge sterben, entstehen früher oder später auch neue. Ein »Jammeri und ein Gränni« will er deswegen nicht werden, Bitterkeit ist des Künstlers Tod, so ähnlich hat es ihm ein spanischer Schriftsteller und Freund einmal gesagt, der eine schlimme Zeit in Gefangenschaft hinter sich hatte: Egal was geschieht, du darfst nie verbittern. Ein Künstler muss das Leben gern haben, muss die Menschen gern haben – sonst kommt es nicht gut. Daran will sich Pedro Lenz halten.

Kapitel 12: Von zu viel Nähe und warum Lenz nicht Nein sagen kann

Schreib näher an dir, näher an deiner Lebenswelt, hatte Beat Sterchi gesagt. Und jetzt sehnt sich Pedro Lenz danach, dass sich die Leute mehr mit seiner Kunst auseinandersetzen, weniger mit seiner Person.

Es gibt Tage, erzählt Lenz, da wird er angesprochen: Ah, Sie kenne ich doch! »Säget schnäu«, woher kenne ich nochmals ihr Gesicht, »säget schnäu«? Worauf er antwortet: ich bin der vom Wetter. – Ah ja, ich wusste, ich kenne Sie von irgendwo! So testet er, ob es den Menschen um seine Person geht oder um seine Inhalte. Lenz hat viele solcher Beispiele auf Lager. Wenn er vor einer Lesung von einem Besucher angesprochen wird: »Läck, dir sit aber würklech gross!«, und am liebsten antworten möchte, dass er nicht wegen seiner Größe angereist ist, sondern wegen seiner Literatur. Aber natürlich sagt er nichts. Den Leuten gefällt es, dass er bekannt ist, aber warum und wofür scheint manchen zweitrangig. Hey, gratuliere, du bist bekannt! So kommt es Lenz ein wenig vor.

Dabei weiß er, dass gerade diese Personifizierung auch zu seiner Bekanntheit beigetragen hat. Und natürlich mag es Pedro Lenz, vor vollen Sälen aufzutreten. Und dass er darauf vertrauen kann, dass eine Lesung im Thalia Basel genauso ausverkauft ist wie eine im Kleintheater von Langenthal.

»Bei Pedro Lenz sind die Mundart-Bücher nicht einmal mehr Nebenprodukt, sondern eigentlich ganz überflüssig«, schrieb der Weltwoche-Journalist Rico Bandle im Frühjahr 2018. Und vielleicht tourte Pedro Lenz deswegen in den letzten Jahren wie ein Verrückter von Lesung zu Lesung, mehr als hundert Mal im Jahr. Weil er nicht nur Lenz, der Schriftsteller ist, sondern immer auch Lenz, der Performer. Weil er weiß, dass ihn das Publikum mehr als lesen, vor allem hören und sehen will. Und vielleicht nach der Lesung beim Apéro noch einen Schwatz halten, weil der Lenz, der ist ja so zugänglich, trotz seiner Größe, so angenehm am Boden geblieben. Der Lenz, der Pedro, ist einer von uns.

Und sie haben recht. Lenz zieht keine Show ab, wenn er mit den Tontechnikern witzelt, wenn er beim Signieren der Bücher mit älteren Frauen schäkert und wenn er sich direkt nach der Lesung wieder ein T-Shirt über die Jeans streift, die er nicht selten auch während der Lesung trägt, und sich noch unter die Leute mischt, um anzustoßen, zu schwatzen, Anekdoten zu erzählen.

Aber in letzter Zeit musste er immer wieder feststellen: Es wird mir zu viel. Denn die Nähe, auf die Lenz nicht verzichten kann und aus der er seine Geschichten schöpft, diese Nähe zum Volk hat auch zur Folge, dass er es nicht gelernt hat, Nein zu sagen. Vielleicht ist es das, was sein Freund, der Lyriker Raphael Urweider, mit Überangepasstheit meinte.

Denn Pedro Lenz kommt in jeden Kuhstall (das ist wörtlich gemeint).

Lenz, wir machen ein Magazin zum Thema: die Aare und ich. Du lebst doch an der Aare – könntest du nicht?

Lenz, wir kochen ein Mehrgangmenü rund um deine Person – könntest du uns sagen, was du gerne isst?

Lenz, meine Schwiegermutter feiert ihren Sechzigsten, kannst du vielleicht?

Lenz, nächste Woche ist bei uns ein Dorffest – könntest du nicht ein paar deiner Stückli zum Besten geben?

»Stückli«? Was für Stückli? »Ehh, du weißt schon, was ich meine.«

So war das lange Zeit. Pedro Lenz, den kann man buchen, à la carte: Wie hätten Sie ihn denn gerne? Mit Salat? Oder Natur?

Aber damit soll jetzt Schluss sein.

Raphael Urweider, der ihm die Überangepasstheit diagnostizierte, sagte auch: »Du musst endlich dein Gastarbeiter-Ethos ablegen.«

Bereut er es, der Autor der Nicht-Leser geworden zu sein?

Natürlich bereut er es nicht. Klar, wenn die Leute ihn nicht mehr lesen, weil sie sagen, sie kennen ihn bereits vom Hören, dann kann das schon ein Nachteil sein. Aber gleichzeitig weiß Pedro Lenz: Es ist Teil dessen, was ihn ausmacht. Er wollte mit seiner Literatur nie ausschließen, wollte immer möglichst viele Menschen ins Boot holen. »Wenn ich es damit schaffe, Menschen Literatur näherzubringen, die den Zugang sonst nicht haben, dann ist es das, was ich wollte.«

Außerdem, ein paar Leser wird er schon haben. Oder sollten 30 000 Menschen seinen Roman nur gekauft haben, um ihn ins Regal zu stellen? Und wenn dem so wäre, was sollte er dagegen tun? Einen 500-Seiten-Roman in einer komplexen Sprache schreiben, der seine Leserschaft vergrault, dafür vielleicht von der Ingeborg-Bachmann-Jury besprochen wird? »Seien wir ehrlich, das wäre ja lächerlich.« Denn am Ende ist sich Pedro Lenz sicher, überlebt nur, wer sich treu bleibt. Wer nicht vorgibt, etwas zu sein, das er nicht ist. Nein, auf lange Sicht kann man die Öffentlichkeit nicht täuschen. Dabei hält er es wie der bekannte Theaterregisseur Ruedi Häusermann, der seinen Programmen jeweils den Aufkleber verpasst: »Garantiert kein Schwindel.« Lenz ist überzeugt, nur so funktioniert es.

Das soll aber nicht heißen, dass er für alle jederzeit zu haben ist. Denn bald wird Pedro Lenz zum ersten Mal Vater. Und je näher dieses Ereignis rückt, umso mehr wird ihm bewusst: Das will ich nicht mehr. Künftig will er filtern und genauer hinschauen, was ihm guttut. Wo will ich wirklich weiterkommen?

Seither übt er sich im Nein sagen. Doch wenn er es einmal geschafft hat und sagt: Nein, ich komme nächstes Jahr nicht zum Dorffest, um im Zelt zu lesen, und ihm entgegnet wird: Wie? Aber das Jahr darauf kommst du wieder! Worauf er wiederum sagt: Nein, auch dann nicht. Ich komme vielleicht gar nie mehr. Dann kommt das nicht so gut an. Dann ist das nicht der Pedro Lenz, für den man ihn hielt. »Es wäre mir schon gedient, wenn mir von der anderen Seite mehr Verständnis entgegenkäme«, räumt Lenz ein.

Seine Freunde sind erstaunt, dass er überhaupt so lange durchgehalten hat. Urs Frieden etwa erinnert sich nur an ein einziges Mal, bei dem Pedro Lenz konsequent Nein gesagt hat. Als er einen Facebook-Account einrichtete. »Er wurde von Freundschaftsanfragen und Themenvorschlägen überschwemmt, dass er ihn gleich wieder deaktiviert hat und sagte: Nein, das will ich nicht«, erinnert sich Frieden heute. Christian Brantschen, sein Freund und Musiker, sagt: »Ich kenne niemanden aus der Künstlerbranche, der ein solches Pensum an den Tag legte wie Lenz.« Das bestätigt auch der Schriftsteller Beat Sterchi. Und wie um das zu untermalen, erinnern sich beide unabhängig voneinander an die gleiche Situation, die sie mit ihm erlebten: Zusammen hatten sie einen Auftritt im Zentrum Paul Klee, er Pedro Lenz, Beat Sterchi und Christian Brantschen. Auf dem Weg dorthin stiegen Brantschen und Sterchi bei der Station Rathaus in den Bus, dort sahen sie Lenz mit seinem Laptop auf dem Schoß wie wild in die Tasten hauen. Seine Freunde setzten sich in die Reihe hinter ihm und machten Faxen: »Ui ich muss noch schnell das und das, oh, hier wartet noch jemand auf dies und jenes. Jaa, ich bin halt schon viiiel beschäftigt«, zogen sie ihn auf. Erst Stationen später bemerkte Lenz seine zwei Freunde in seinem Rücken. »Ou sorry, ich musste noch kurz eine Kolumne fertig schreiben«, sagte er schließlich. »Ich muss noch kurz, ich muss noch kurz – so war das mit Pedro Lenz immer«, erinnert sich Sterchi. »Da muss man schon etwas draufhaben, wenn man das über so viele Jahre durchziehen kann.«

»Wenn ich es schaffe, Menschen Literatur näherzubringen, die den Zugang sonst nicht haben, dann ist es das, was ich wollte.«

Manche fragen sich, wie er das schaffte, dieses ständige Liefern seit über zwanzig Jahren, ganz ohne Burn-out. »Eine große Stärke ist seine Konzentrationsfähigkeit, er ist unglaublich diszipliniert«, sagt Christian Brantschen. »Ich glaube, er hat einen guten Boden und eine klare Vorstellung davon, wie die Dinge sein sollten«, erklärt es sich Beat Sterchi. »Lenz weiß, woher er kommt, und ist sehr geerdet. Es gibt den Spruch: Wenn du selber weißt, wo du stehst, kannst du schneller schießen. Das passt zu ihm. Außerdem macht er lange Schritte: Einer wie er ist schnell in Zürich.«

Auch Pedro Lenz hat sich darauf schon eine Antwort überlegt. Weil die Frage oft an ihn herangetragen wird, wie er es denn schaffe, einen derart großen Output über so lange Zeit aufrechtzuerhalten, ohne auszubrennen. »Ich kann mir vorstellen, dass ein Burn-out kommt, wenn man sich zu lange zu intensiv mit Dingen beschäftigt, die man nicht so gerne tut. Ich hatte hingegen immer das Gefühl, ich mache so viel, wie ich kann. Ja, es gab Momente, in denen ich überfordert war, aber daraus habe ich gelernt. Ich weiß ziemlich genau, für was ich noch Kapazitäten habe und für was nicht.«

Deshalb weiß er: Jetzt muss ich die Bremse ziehen. Jetzt muss ich das Tempo rausnehmen. Schließlich wird er bald Vater, und das Kind hat eine erwerbstätige Mutter. Grund genug also, den Leuten langsam klar zu machen, dass er nicht jederzeit und überall auftritt und verfügbar ist. Schon gar nicht in jedem Kuhstall und umsonst. Gleichzeitig versucht er auch, und das fällt ihm noch schwerer, sich von dem öffentlichen Druck zu distanzieren und somit auch von dem Druck der Verlage. Lange Zeit ließ er sich jagen von den äußeren Erwartungen. »Lenz, wann kann man wieder mit etwas von dir rechnen?«, so ging das immer. Jetzt stellt er sich zunehmend die Frage: Ist das noch mein Tempo oder das des Verlages? Ja, jetzt, nachdem er es geschafft hat, kann er sich diese Luxusfrage stellen: Wann bin ich persönlich bereit, wieder etwas zu publizieren? Einerseits. Andererseits gibt es natürlich auch bei ihm den Restzweifel, dass es auf einmal zu lange dauert, auf einmal zu lange nichts mehr kommt, und er stellt sich die Frage: Wie lange dauert es, bis man vergessen geht?

Kapitel 13: Über den Vater

110 Mit Mitte zwanzig war es die Psychiaterin, die Pedro Lenz die Sache mit der Ansicht erklärte, später seine Schwägerin, die ihn zu dem Schritt für die Matura motivierte, und schließlich Franziska, die ihn zum Schreibjahr ermunterte, und Beat Sterchi, der ihn dabei inspirierte. Doch auch sein Vater zählt zu den Personen, die Pedro Lenz geprägt haben. »Mi Aut isch scho ä Spezieue gsi«. Lenz erzählt nicht viele Details über ihn. Aber als Figur taucht er immer wieder auf – natürlich in seiner Kindheit, aber auch später. Es sind seine Ratschläge und Zurechtweisungen, die sich in Lenz' Gedächtnis eingeprägt haben.

Während er denen seiner Mutter nie den gleichen Ernst beimaß (»Der Junge muss ins Internat«, »Der Junge soll nicht solche Schundliteratur lesen«, »Junge, isst du auch genug in Zürich?«). Über seine Mutter, die als Hausfrau rund um die Uhr die drei Kinder managte, sagt Lenz heute: »Sie hat, glaube ich, nie so recht verstanden, was ich tat.« Als er Maurer wurde, hat sie sich geschämt. Im Nachhinein kann es Lenz ja verstehen, dort wo sie herkommt, aus einer gut situierten Familie in Madrid, war das Klassendenken noch viel ausgeprägter als in der Schweiz. Da spielte man nicht einfach so mit seinen Privilegien. Ihr Vater war noch Oberst beim Militär, zuhause hat das Personal nach dem Rechten geschaut, in der Schule wurde ihr der Stoff mit größter Strenge eingeimpft. Dieses System ist zwar später wieder etwas aufgebrochen, aber in ihrer Vorstellung waren diese Unterschiede zwischen den Schichten noch sehr präsent. Deswegen wollte sie es nicht dulden, oder wollte vielmehr, dass sein Vater es nicht duldete, dass ihr Sohn die Maurerlehre begann.

So kam es, dass der Vater in Pedro Lenz' Erinnerungen mehr Platz einnimmt. Der viel beschäftigte Porzellanfabrik-Direktor schien den Sohn immer etwas besser zu verstehen als die Mutter und zeigte auch in schwierigeren Situationen ein Gespür für die gesunde Entwicklung seines Jungen. Dabei war er kein Freund, kein Kumpel. Nein, eben gerade nicht. Er verkörperte für Pedro Lenz in erster Linie eine Vaterfigur. Zwar fiel ihm auf, dass der Umgang zuhause bei manchen seiner Freunde anders war. Lockerer auf jeden Fall, Eltern, die gleich »Dutzis« mit ihm gemacht haben und ihn auch als spontanen Besucher empfingen. Bei der Familie Lenz hingegen herrschte eine andere Atmosphäre. Gesittet, geradezu steif. Der Vater trug Krawatte und ließ sich von Besuchern siezen, Besucher, die ohnehin nur auf Voranmeldung erlaubt waren. So hat Lenz einiges vor seinen Eltern versteckt, hatte er eine Freundin, ging er zuerst zu ihr, ehe er sie mit nach Hause nahm.

Lenz störte sich aber keineswegs an diesem Familienklima. Für ihn ergab diese klare Trennung von seinen Eltern, besonders von seinem Vater, Sinn. Er wollte ihn gar nicht in seiner Welt haben. Wollte gar nicht, dass der Vater auch die Rolling Stones und Gianna Nannini gut fand. Lieber war es ihm, er fragte, was er eigentlich für eine Katzenmusik höre. Dann konnte Lenz nämlich erwidern: Du hast doch keine Ahnung von guter Musik, einfach keine Ahnung! Diese Abgrenzung empfand er als positiv. Heute jedenfalls ist er froh, »im Hingedrii«, dass er sich an seinem Vater die Hörner abstoßen konnte. Dabei blieb die Kommunikation stets respektvoll. Nur der Mutter, der haben die Kinder schon ab und zu gesagt: Du nervst! Jedenfalls eher als dem Vater. Aber so richtig die Fetzen sind in der Familie Lenz nie geflogen, dafür war der Umgang zu anständig.

Als Pedro Lenz nach Bern gezogen ist, pflegte er nur noch punktuell Kontakt mit seinem Vater. Dieser hat die Laufbahn seines Sohnes bis zuletzt begleitet und stand noch als 80-Jähriger Schlange vor dem restlos ausverkauften Café Kairo, um sich anschließend in das Gedränge des verrauchten Raumes zu quetschen und die Lesung von »Das Kleine Lexikon der Provinzliteratur« anzuhören. Er erlebte jedoch nur noch die Anfänge von Lenz' Karriere mit und starb, bevor sein Sohn große Erfolge feiern konnte.

Urs Frieden, der Journalist und Freund, dem Lenz seine ersten Auftritte in der Halbzeit verdankt und der die Laufbahn von Pedro Lenz mitverfolgte, sagt, der einzige Moment, in dem er bei Lenz eine Blockade feststellte, in dem er ihn nicht mehr so im Flow, nicht mehr so produktiv erlebte wie sonst, war, als sein Vater starb. Als wäre es das einzige Ereignis, das Pedro Lenz jemals richtig aus der Bahn warf.

In seinem 2012 veröffentlichten Erzählband »Liebesgschichte« hat Lenz das Abschiednehmen von seinem Vater in einer der Kurzgeschichten aufgearbeitet und greift dort die Hilflosigkeit auf, die wir alle im Anbetracht des Verlustes eines nahen Menschen verspüren.

Auszug aus »*Angscht*« in Liebesgschichte, 2012:

(...)
Und woni uf das abe
nüt antworte,
ne nume aaluege,
win er so dörte liggt
mit däm Suurstoffschlüchli
i de Naselöcher
und dene magere Bei
i dene Stützträumpf
und d Häng e chli gschwoue
und d Hoor, wo chli abstöh,
und di chäsigi Farb
i sim aute Gsicht,
seit er plötzlech: »Jetz verlüürsch di Vatter.«

Är seit nid: »Jetz bini de tot.«
Är seit nid: »Jetz stirbeni de.«
Är seit nid: »Jetz gits mi de nümm.«
Är seit nid: »Jetz bini de wägg.«
Är seit nid: »Jetz isch aues fertig.«

Nei, är seit nume grad: »Los, jetz verlüürsch di Vatter.«

Und ig stoh i Schatte,
dass er nid mues gse,
wi di Angscht,
wo eigentlech ihm würd ghöre,
zu minen Ougen uselouft.

114 Pedro Lenz wurde erstmals bewusst, dass an seinem Sterbebett wahrscheinlich kein Kind da sein würde, um zu trauern. Und zum ersten Mal dachte er, dass er damit vielleicht etwas versäumt hat. Dass er Jahre später doch noch Vater werden würde, damit hatte er nicht mehr gerechnet.

Seine Mutter sollte noch zehn Jahre länger leben. Und natürlich liebte Pedro Lenz auch seine Mutter! Schließlich war sie es, die alles aufgab, um da zu sein. Ihren Job als Reiseleiterin, ihre Heimat Spanien, um ihrer Liebe zu folgen und ihre drei Kinder großzuziehen. Aber Integration war bereits damals kein leichtes Unterfangen, und Lenz fiel früh die Schwierigkeit auf, die eine binationale Beziehung mit sich bringt. Diese Bereitschaft, sich hundertprozentig auf eine andere Kultur einzulassen, sieht er als eine große Herausforderung und bewundert seine Eltern für diese Leistung. Dass es seine Mutter nicht geschafft hat, sich müheloser in Langenthal einzugliedern, tut ihm heute manchmal leid. Er erinnert sich, wie sie bis zum Schluss mit Deutsch und Schweizerdeutsch durcheinanderkam und sich im Italienischen und Französischen mehr zuhause fühlte. Und als sie im Alter immer dementer wurde, hat sie mit dem Servicepersonal des Altenheims nur noch Spanisch gesprochen. In dieser Zeit ging Pedro Lenz viel mit ihr spazieren, führte sie am Rollator durch den Ortskern von Langenthal, manchmal kehrten sie im Chrämerhuus ein, um Mittag zu essen. Und die Mutter fand es schön, dass ihr Sohn jetzt erfolgreich war. Doch sie bedauerte es ein wenig, dass ausgerechnet ein Roman über einen Verlierer ihn bekannt gemacht hatte.

Als die Mutter 2015 starb, legte man sie neben seinen Vater ins Grab, im Friedhof von Langenthal. Seither ruhen sie zusammen an jenem Ort, an dem beide nie richtig heimisch wurden, der aber immer ihre einzige gemeinsame Heimat war. Und somit bleiben sollte.

»Mit Olten blufft man nicht.«

Kapitel 14: Von einer unaufgeregten Stadt und der Möglichkeit, immer gehen zu können

118 Nicht nur die Beiz und seine romantische Vorstellung von ihr, und nicht nur die abenteuerlichen Kindheits- und Jugenderinnerungen brachten Pedro Lenz 2009 nach Olten. Grund war eben auch das, was seine Literatur seit Beginn her kennzeichnet: seine Liebe zum Durchschnitt. Seit er sich erinnern kann, schätzt Lenz ehrliche, unaufgeregte Orte, die nicht vorgeben, etwas zu sein, das sie nicht sind. Gerade noch groß genug, um ein urbanes Gefühl hervorzurufen, aber auch klein genug, um die dörfliche Übersicht zu bewahren. So wie Langenthal. Oder eben Olten: »*Jurasüdfuss. Mittuland, Ungerland, Hochnäbuland, Ysebahnerland, Poschtindustrielli Landschaft, Aggloland, Zwüscheland*«.

So wie ihn Verlierertypen mehr interessieren als Erfolgshelden, so inspirieren ihn vermeintlich langweilige Städte mehr als herausgeputzte. Oder wie es der Goalie in seinem Roman für ihn ausdrückt: »Mir machts nüt us we ä Stadt truurig isch. Es isch mit de Stedt wie mit de Geschichte: Di truurige si nid immer die schlechtischte.«

Bei einem Spaziergang durch Olten sind es daher die vergänglichen, traurigen Orte, die ihn ins Erzählen bringen, nicht die zurechtgemachten, herausgeputzten. Orte, die einst Großes wollten, es aber nicht so ganz geschafft haben und jetzt brachliegen. Zum Beispiel die Unterführung im Winkel, dieses ungelöste Problem von Olten. Sie führt von der hinteren Seite der Stadt, dort, wo früher die Bauern lebten und später ein Eisenbahnerviertel entstand, auf die vordere Seite. Dort, wo die Aare fließt und die historische Holzbrücke hinüber zur Altstadt führt. Sie heißt: Unterführung im Winkel. Entstanden ist sie irgendwann anfangs der 70er-Jahre in einer Zeit, als man sich noch im Optimismus wähnte, in solchen Unterführungen könnte viel Leben entstehen, wie in New York, mit Shoppingmalls und Bars und Musik, wo man verweilen und sich begegnen kann. Heute ist das einzig bedeutende Überbleibsel in der dunklen Gasse ein Musikladen für Metal-Fans. Aus der ganzen Schweiz reisen Leute aus der Szene an, um hier CDs zu kaufen. Das ist immerhin etwas. Ansonsten ist sie nur noch versifft. Nur ein einziges Mal, erinnert sich Lenz, hat sich die Stadt der Zukunft dieser Unterführung angenommen und eine Diskussion darüber geführt, wie sie sich verbessern ließe. Seither gibt es ein Velofahr- und ein Rauchverbot und ein paar Überwachungskameras an den Mauern. Das war's dann auch. Was bleibt, ist die Erinnerung an eine Zeit, als Olten noch davon träumte, urban zu sein, eine Metropole zu sein. Heute muss man eben durch, das ist alles. Vorbei an dem leeren Shisha-Laden, vorbei an der Dönerbude, bis man wieder Licht auf der anderen Seite erblickt. Es sind solche Gedanken, die verwaiste Unterführungen in Lenz auslösen können und die er mit seinem für ihn typischen nostalgischen Pragmatismus zu erzählen vermag. »Erfolg ist laut, brachial und banal. Die Poesie steckt in der Niederlage«, sagte er in einem Interview mit dem »Bund«. Es ist diese Überzeugung, die ihn immer wieder an Orte wie diesen führt.

Auf der anderen Seite angekommen, sieht die Welt wieder ein Stück freundlicher aus. Von da geht es über die Hauptstraße, dann über die historische Holzbrücke, die im Gegensatz zu der Unterführung rege belebt und bespielt wird. Auf der anderen Seite liegt die Altstadt, die durch die Begrenzung der Aare und des Baches Dünneren rund und kompakt geformt ist. Als Pedro Lenz nach Olten zog, wurde er von seinen Freunden aus Bern oft gefragt, ob er die Aare nicht vermissen würde. Fast so, als würde der Fluss keinen Grund sehen, aus dem schönen Bern hinauszufließen. Dabei gibt es das hier alles auch, die Aare, das Aare-Schwimmen. Es ist genau diese Selbstverliebtheit einer Stadt, die Lenz hier in Olten jedenfalls nicht vermisst. »Mit Olten blufft man nicht«, das ist es, was er hier schätzt.

Das Zentrum der Altstadt ist hübsch, aber nicht gefeit vor den Symptomen, mit denen heute alle Innenstädte kämpfen. Das Sterben der Kleinen und das Wachsen der Großen. »Immer no chli meh vom Gliiche«, beklagt Lenz das Phänomen. Er persönlich brauche aber nicht immer mehr vom Gleichen, wünscht sich lieber wieder den Metzger und den Bäcker her, anstatt noch einen Optiker und noch eine Drogerie. Aber so ist das, unaufhaltsam. Entweder er findet einen Umgang damit oder er wird unglücklich, er weiß es ja.

In Olten gibt es ein paar gute Beizen, Cafés oder Bars,

und wer seinen Roman »Di schöni Fanny« gelesen hat, weiß auch in etwa welche. Die Vario Bar, mit viel Kultur und Jazz, in der Pedro Lenz früher oftmals selbst aufgetreten ist. Das Café Ring, dieses runde Traditionscafé, unten Bäckerei und Konditorei, oben Café, das seit über achtzig Jahren ein wenig Wiener Kaffeehauskultur nach Olten bringt. Für Pedro Lenz hat es zudem auch eine literarische Bedeutung. Einer seiner besten Freunde in Olten und Mitinhaber seiner Beiz, der Journalist Werner De Schepper, wäre wohl nicht nach Olten gekommen, gäbe es das Café Ring nicht. Elias De Schepper, der Vater von Werner, war nämlich Bäcker in Belgien und suchte wegen eines Asthmaleidens auf Anraten eines Arztes eine Stelle in der Schweiz. In einer Bäckerzeitung sah er, dass im Café Ring in Olten Verstärkung gesucht wurde. Weil er kein Telefon zur Hand hatte, packte er seinen braunen Koffer, stieg in Brüssel in den Zug in Richtung Basel und stellte sich im Café Ring vor, ohne ein Wort Deutsch zu können. Er habe gehört, sie suchten Verstärkung. Doch die Besitzer wiesen ihn ab, sagten, die Stelle sei schon besetzt und er hätte besser vorher anrufen sollen. Doch Elias De Schepper hatte alles auf diese Stelle gesetzt, und weil er nicht wusste wohin, setzte er sich einfach vor dem Café Ring auf seinen Koffer. Das erregte bei der Bäckersfrau Mitleid und sie sagte, okay, genug zu tun haben wir ja, du kannst morgen helfen Brot zu backen. Elias De Schepper sollte noch einige Jahre im Café Ring bleiben und seine belgische Freundin kurz darauf als Serviertochter eingestellt werden. Solche Geschichten schrieb damals die Personenfreizügigkeit.

Die wohl geschichtsträchtigste Beiz in der Stadt aber ist der Rathskeller. Und wenn man die Oltner danach fragt, dringt sogar bei den bescheidensten unter ihnen ein wenig Stolz durch. Die Beiz, seit jeher besser bekannt als »Chöbu«, ist die älteste der Stadt und weit herum bekannt für die Hamburger, den »Chöbu-Burger«. Als das Rauchverbot in Olten Einzug hielt, ließ der Wirt den oberen Stock komplett zum Fumoir ausbauen, um seine vielen Stammgäste nicht zu vergraulen. Auch Pedro Lenz saß da oft, als er noch rauchte. Aber das ist jetzt vorbei.

Eine der Bars, mit der Lenz besonders verbunden ist, ist die Galicia-Bar. Sie liegt hinter dem Bahnhof, dort, wo auch das Restaurant Flügelrad und er selbst beheimatet sind, und gehört heute seinem Schriftstellerfreund Alex Capus. Wie das Flügelrad gehörte sie anfangs dem Trio Lenz, De Schepper und Capus. Mit ihrem Kauf bewahrten sie den ehemals spanischen Treffpunkt vor dem Abriss. Doch bald darauf gab es einen Streit zwischen De Schepper und Capus, die langjährige Freunde waren. Pedro Lenz stand dazwischen und vermochte die Gräben nicht mehr zuzuschütten. Also stieg Capus aus und übernahm alleine das Galicia. Und hat es zu einer Bar gemacht, mit der sich Lenz eigentlich am ehesten identifizieren kann. Eine, mehr zum Trinken als zum Essen, mit Konzerten zwischendurch und mit Kunst an den Wänden, eine auch ein wenig zum Versitzen. Noch immer steht Capus an einem Abend pro Woche selber am Tresen, und einer seiner Söhne braut im Untergeschoss das »Drei-Tannen-Bier«.

Nicht unerwähnt lassen will Lenz den Salmen, die beste Essbeiz von Olten, und das Lichtspiel, ein Kino, das noch Arthouse-Filme zeigt, die er doch wieder verpasst. Und dann ist man auch schon am Ende der Altstadt angelangt.

Auf dem Heimweg unseres Spaziergangs macht Pedro Lenz noch einen Abstecher in das Büro des Olten Tourismus, weil er sich erinnert, CDs signieren zu müssen für die Literatour – eine Audiotour entlang des Schweizer Schriftstellerwegs, bei der Schriftsteller aus Olten durch die Stadt führen, zum Beispiel Alex Capus, Franz Hohler, Pedro Lenz, an für sie wichtige Orte, an denen die Besucher mit ihrem Smartphone einen QR-Code scannen können, um sich die dazugehörige Geschichte anzuhören. Weil das Ganze später auch als CD erhältlich ist, muss er nun zum Signieren erscheinen, was ihn aber in keiner Weise zu stören scheint. Er bekommt von der Tourismusfachfrau einen Kaffee und die CDs aufgetischt. Hundert Stück sagt sie noch zögerlich, das sei kein Problem, meint Lenz, das gehe schnell. Und jetzt schwingt er seine schmale Signatur mit links nacheinander auf die CDs, auf denen er, Capus und Stefan Ulrich, der Geschäftsführer, abgebildet sind, trinkt gemütlich den Kaffee und erzählt dazu von seinen Beizenerlebnissen. Etwa jenes im Coq d'Or, ebenfalls ein guter Ort mit viel Kultur und Lesungen, direkt am Bahnhof, unweit des Flügelrads. Lenz erzählt, wie er und Alex Capus dort nach einer Lesung verhockt seien und bald realisierten, dass außer ihnen nur junge Menschen in der Beiz verkehrten, Höchstalter zwanzig Jahre. Und wie ihn Alex Capus darauf aufmerksam machte, dass es nun vielleicht an der Zeit für sie sei, zu gehen. »Mich stört das aber nicht«, hatte Lenz noch gesagt, worauf Capus erwiderte: »Ja, aber die vielleicht.« Lenz leuchtete das ein. Seither geht er kaum mehr dorthin, weil er findet, die Reviere der Jungen müsse man respektieren.

Nach einer Viertelstunde Signieren verabschiedet er sich von der Tourismusfachfrau, »seisch am Stefan ä Gruess«, und geht wieder zurück nach Hause, in das Flügelrad, seine Beiz, die in seinen Erzählungen nur so wenig vorkommt, weil er sich noch ein Stück Privatsphäre gönnen will, weil seine Beiz gleichzeitig sein Zuhause ist. Ob es gut sein wird für sein Kind, wenn es beim Verlassen des Hauses als Erstes in einer Beiz steht? Er weiß es nicht. Aber noch genießt er die Wohnung im ersten Stock, die dank seiner Partnerin immer heimeliger wurde, ein paar Möbel hier, ein paar Bilder und Blumen da. Genießt die Sicht auf die Gleise, »Gleis 12, Einfahrt des Intercity-Express nach Bern«, und auf die Schilder, die sein Fernweh bedienen »Hamburg/Paris/Brüssel«.

Freiheit, das bedeutet für Lenz sein Generalabonnement und die Lage direkt am Bahnhof, Dreh- und Angelpunkt der Schweiz. Braucht er eine neue Weste oder eine neue Jeans, kann er wählen, ob er lieber in den Globus nach Basel oder Bern oder Zürich fahren will. Auf was habe ich mehr Lust? Dann in den Zug springen, etwas lesen und schon ist er da. »*Mis Läbe isch fahre, vüu, vüu, vüu fahre*«. Und wenn er seine Partnerin von der Arbeit abholen will, dann setzt er sich einfach in den Zug nach Bern. *Und scho fahrts eim wie-*

der, es fahrt eim vo säuber und i hocke ganz stüuu, wenn d Landschaft näbedüre fahrt.

In Bern angekommen, geht er über die Brücke ins Nordquartier, jene Gegend, in der er selbst fünfzehn Jahre gelebt hat. Ihm gefällt es hier, aber er hadert mit der dauerhaften Selbstverliebtheit der Stadt. Die Berner sind überzeugt, dass ihre Stadt der schönste Ort der Welt ist, Mani Matter das größte Genie und Berndeutsch der schönste Dialekt. Die Oltner findet er in dieser Hinsicht angenehmer, die sind geerdet, geben nichts auf ihr Äußeres. Niemand läuft durch die Altstadt und sagt: »Ühhh, isch das schööön hie.« Und wenn doch etwas als schön auffällt, ist man positiv überrascht und sagt: Ah, das ist ja doch ganz schön hier, in der Altstadt. So haben die Oltner nichts zu verlieren. Sie müssen sich auch nicht links-weltoffen-multikulti auf die Fahne schreiben, weil sie es seit Jahrzehnten sind. Seit hundert Jahren ist Olten eine Stadt der Zuwanderung. Hier fragt dich keiner, wo kommst du her, wo kommen deine Vorfahren her und was ist deine Konfession. Es interessiert niemanden, weil sich alle, die hier leben, entschieden haben, Oltner zu sein. Außerdem gibt es nicht so ein »Gliir« wegen des Dialektes. In Bern, da musste Pedro fast jeden Tag die Frage beantworten, warum er so falsch Berndeutsch reden würde. Warum sagst du »schloofe« statt »schlafe« und »lääse«, statt »läse«? Hier ist das kein Thema, in fünf Minuten ist man mit dem Zug in Gelterkinden, das zu Basel-Land gehört und schon wieder ganz anders klingt.

Ob er in Olten bleibt, weiß Pedro Lenz nicht. Ginge es nach ihm, könnte er gerade so gut in Brugg wohnen, in Lenzburg, Baden, Langenthal oder Burgdorf – halt irgendwo in den Regionen Jurasüdfuß, Voremmental oder Oberaargau. Auch den Jura fände er schön, das Vale de Travers hat ihn immer angezogen. Aber leben könnte er dort wahrscheinlich nicht, »es töötelet e chli«. Außerdem bräuchte er ein Auto und was, wenn das Auto auf einmal den Geist aufgibt? Da bleibt er lieber in Olten, dieser nebelverhangenen Aarestadt, gefühlter Mittelpunkt des Landes. Doch egal wo Pedro Lenz hingeht – am Ende landet er immer wieder in einem überschaubaren Quartier, in seiner kleinen Welt. So etwas wie Großstadt gibt es für ihn gar nicht. »Alles ist Agglo«, so seine Schlussfolgerung. »Auch Glasgow und Madrid, einfach mit mehr oder weniger Autos aneinander gehängt.« New York zum Beispiel: Dort gibt es kaum jemand, der heute in Manhattan ist, morgen in Brooklyn und übermorgen in Coney Island. Nur Touristen. Wer aber in New York lebt, der bewegt sich immer in den gleichen vier Ecken, geht zu dem immer gleichen Koreaner, holt bei dem immer gleichen Bäcker seinen Kaffee und seinen Bagel. Weil es dem menschlichen Bedürfnis nach Zugehörigkeit entspricht. Als Pedro Lenz mit dem Literaturstipendium nach Glasgow ging, kämpfte er anfangs sehr mit dem Gefühl, keinen Anschluss zu haben. Ob er aufstand oder nicht, arbeitete oder nicht, es interessierte absolut niemanden. Lenz fand das mehr bedrückend als befreiend. Doch dann fing er langsam an, sich seine eigene kleine Welt zu erschließen, wie er das damals als Kind in Langenthal getan hatte. Vor die Türe, über die Straße, Zigaretten bei der Kioskfrau, die bald seine Marke kannte, und das Pub, in dem der Wirt ihm sein Getränk bereits auf den Tresen stellte, und so weiter. »Ich bin immer auf Nähe angewiesen«, weiß Pedro Lenz heute. »Auch wenn es manchmal nervt, weil jeder besser weiß, was gut für dich ist. Vielleicht ähnlich wie bei einer Großfamilie.«

Bei aller Nähe: Auch Pedro Lenz braucht eine Hintertür – und diese findet er in Olten. »Mir ist es wichtig, die Möglichkeit zu haben, jederzeit gehen zu können.« Dabei gehe es weniger darum, es zu machen. Sondern es zu können. Lenz mag diesen Zustand des Unterwegsseins, auch wenn er eigentlich ein Heimweh-Typ ist.

Und i fahre immer wieder
und chumen immer wieder,
immer wieder hei uf Oute
Gleis 1 bis 12.

»An mich kommt man sehr leicht sehr nah ran. Aber eben nur bis zu einem gewissen Punkt.«

Kapitel 15: Pedro als Performer, Pedro als Freund

Es ist der 20. Oktober, als Pedro Lenz das letzte Mal im Jahr 2017 im Theaterstudio Olten auftritt. Wenige Stunden zuvor hat er zusammen mit dem Musiker Christian Brantschen seine Wohnung verlassen. Sie nehmen die Unterführung durch den Bahnhof, nicht die traurige im Winkel, sondern die geputzte, mit zahlreichen Läden vollgestopfte, in der sich um diese Uhrzeit die Pendler hin und her schieben. Die zwei Männer gehen zielstrebig durch die Menge, schneller Schritt, ziehen ihre Rollkoffer mit den Requisiten hinter sich her und als sie auf der anderen Seite wieder auftauchen, schieben sie sich beinahe synchron ihre Sonnenbrille ins Gesicht. Und in diesem Moment scheint klar, wer die Stars von Olten sind. Sie überqueren die Hauptstraße, dann die Aare, weiter auf der Ringstraße, vorbei am Traditionscafé Ring, an dem einst Elias De Schepper verzweifelt auf seinem braunen Koffer saß, bevor sich alles zum Guten fügte. Brantschen raucht eine Zigarette, Lenz lässt es mit etwas Bedauern sein. »Wir müssen noch Rasierschaum kaufen«, sagt Brantschen. »Jo stimmt«, sagt Lenz. »Wir müssen schon ein wenig eine Falle machen beim Heimspiel.«

Christian Brantschen und Pedro Lenz sind ein Team seit

2008. Seit es so richtig losging mit der Karriere von Lenz. Davor sind sie sich schon einige Male über den Weg gelaufen, beide wohnten lange Zeit an der Wylerstraße im Berner Nordquartier, nur wenige Schritte voneinander entfernt. Brantschen sagt, Lenz sei ihm schon immer aufgefallen, »vielleicht wegen seiner Größe«, wer weiß. Später hat er ihn zweimal während eines EM-Public-Viewing lesen gehört, zu irgendwelchen Fußball-Themen, mit einem kleinem Verstärker, der sich ständig überschlug, und einem Publikum, das anderes im Kopf hatte als Zuhören. »Diese Intensität und Beharrlichkeit seines Auftretens haben mich damals sehr beeindruckt.« Richtig kennengelernt haben sie sich aber erst Jahre später. Im Zug, Intercity von Zürich nach Bern, als sie sich zufällig begegneten und Lenz sich nach Brantschens Handynummer erkundigte. Bereits wenige Tage später rief Lenz bei ihm an und fragte, ob Brantschen mit seinem Akkordeon die Live-Aufnahme zu dem Buch »Das Kleine Lexikon der Provinzliteratur« im Café Kairo begleiten würde. Wenige Wochen später standen sie zusammen auf der Bühne, lange Schlange vor der Tür, ausverkaufter Schuppen und gleich eine Live-Aufnahme! Keine leichte Probe für ein frischgebackenes Team. »Diese Zusammenarbeit hat uns gezeigt, dass wir sehr gut harmonieren«, erzählt Brantschen. Es folgten vereinzelt weitere Auftritte, und schließlich war es Brantschen, der die Musik für das Hörspiel von Lenz' erfolgreichstem Roman »Der Goalie bin ig« komponierte. »Pedro hat mich einfach machen lassen, mir nicht reingeredet. Das habe ich sehr geschätzt, dieses enorme Vertrauen, das er mir entgegenbrachte.« Rund hundert Mal sind sie damit durch die Kleintheater der Schweiz getingelt, sind in Zügen und Autos gereist, haben zusammen geprobt und nach der Lesung zusammengegessen und hier oder da den Abend in den Beizen ausklingen lassen. »Wir hatten von Anfang an sehr viele gemeinsame Gesprächsthemen«, erzählt Brantschen. »Wir haben uns gegenseitig mit Geschichten gefüllt, zu Fußball, Politik, Beziehungen, beide kannten zu allem eine Anekdote, wir haben oft und viel gelacht. So hat sich unsere Freundschaft eigentlich im Unterwegssein entwickelt.«

Und i fahren und fahren und fahre,
i vou beleiten Isebahnwäge,
vou vo Gratiszytigskonsumänte,
vou Betriebswirtschafts-Studänte,
vou vo Lüt mit knappe Ränte (...)

Mis Läben isch umstiige
umeluegen und witerfahre
und i fahren und fahre

Dann ankommen. Im Theaterstudio in Olten empfängt man Lenz wie einen alten Freund, gehört er doch zur Familie. Zu dem Team rund um Daniel Tröhler, »Dänu«, der 1983 die Theatergruppe Olten gründete, zusammen mit Daniel Hoch und Mike Müller, damals alle Anfang zwanzig. Bald brachten sie eigene Stücke auf die Bühne, die teils sogar in Berlin gespielt wurden.

Mehr als dreißig Jahre später ist Daniel Tröhler mit dem Verein Theatergruppe Olten noch immer mit Leidenschaft dabei, hat zwei Umzüge erlebt und auch, wie kleine Künstler groß wurden. Zum Beispiel das Gründungsmitglied Mike Müller, der heute als Kabarettist und Schauspieler große Erfolge feiert. Auch Pedro Lenz stand auf dieser Bühne, als er noch kein Star war. Erstmals 2006 mit Patrick Neuhaus als Duo Hohe Stirnen und dem Programm: »Abseckle wenn es Zeit ist«, das die fiktive Lebensgeschichte des Berners Prudenz Meister erzählt. Mit dem Programm sind sie im Theaterstudio sogar zweimal aufgetreten, obwohl der Saal bereits das erste Mal nicht gefüllt war, und Lenz hatte ein schlechtes Gewissen. Aber Daniel Tröhler hatte gesagt, klar, ihr kommt noch einmal. Das würde uns freuen. Es ist egal, wenn es nicht voll ist, Hauptsache, denen, die da sind, gefällt es. »Daniel Tröhler war ein sehr wichtiger Mensch für uns«, erinnert sich Lenz. »Er hat uns früh gefördert und war stets sehr positiv eingestellt.«

Vielleicht hatte Tröhler ja einfach auch ein Gefühl für gute Kunst. Heute jedenfalls, zwölf Jahre später, war die Vorstellung von Lenz und Brantschen bereits kurz nach Bekanntgabe ausverkauft. Und während sich der Saal langsam füllt, trinkt Lenz in der Garderobe einen Kaffee, schwarz ohne Zucker, Crème ohne Crème, pickt von dem Hartkäse und der Trockenwurst, die ihm aufgetischt wurde, und hält einen Schwatz mit den Menschen, die sich immer zahlreicher in dem VIP-Bereich versammeln. Alle gratulieren, dass er bald Vater wird, und Lenz erzählt von seinem Ärger darüber, wie die Boulevard-Presse damit umgegangen ist. Lenz hatte sie ausdrücklich gebeten, nichts davon zu schreiben, da noch nicht einmal seine Geschwister davon wussten. Und am nächsten Tag rief ihn sein Bruder an und sagte, was lese ich denn da! Einhelliges Kopfschütteln im Raum.

Danach Soundcheck, der mit einer routinierten Lockerheit vonstattengeht. »Der Pedro isch chli luut worde« – »Ja das bini mängisch weni zu euphorisch bi.« Noch ein Spruchwechsel mit dem Techniker, einer mit dem Lichtmanager. Es sind die Menschen im Hintergrund, die Pedro Lenz faszinieren.

Und hinger dranne
e chliini Bar mit Sauznüssli,
es farbigs Leporello
für ds Saisonprogramm
und überau Freiwüuigi,
begeischtereti Lüt,
wo sech engagieren für mi,
wo mi betröien und bewirte,
wo Liecht ufehänke,
und Lutsprächer ufstöue
für das i jederzit cha fahre,
zu ihne fahre, iifahre, usfahre
heifahre und danke säge
merci vüu, vüu mou.

Brantschen kommt mit Rasierschaum zurück, und nach einer Blitzrasur in der Garderobe ist der Saal schon beinahe gefüllt. Lenz zieht sein Shirt mit dem Aufdruck von Muhammad Ali aus und streift sich ein Hemd über, die Jeans tauscht er gegen eine weinrote Anzugshose. Nur die roten Turnschuhe behält er an. Rot mit blau-gelben Rändern. Und er erzählt von der Lesung, auf der ihn ein Zuhörer fragte, warum seine Schuhe die Farben des FC Basel hätten, wo er doch leidenschaftlicher YB-Fan sei. Lenz selbst war das nicht bewusst, aber er sah ein, dass diese Tatsache einer Erklärung bedurfte. Die Sache sei die, dass in seiner Größe, nämlich 48, in den meisten Geschäften kaum eine Auswahl an guten Schuhen verfügbar sei und er sie daher immer online bestelle. Und als er diese Bestellung tätigte, müsse es wohl schon etwas später gewesen sein, sodass ihm der farbliche Fauxpas nicht aufgefallen sei. Es sind solche Geschichten, mit denen er die Zeit verstreichen lässt, bevor er auf die Bühne des Theaterstudios tritt.

Heute auf dem Programm: Di schöni Fanny. Am Klavier: Christian Brantschen.

Es ist bereits das zweite Jahr, in dem sie mit diesem Programm auftreten, allein in diesem Jahr waren es über hundert Aufführungen, alle fast immer bis auf den letzten Platz besetzt. Brantschen steigt mit einer melancholischen, etwas sehnsüchtig klingenden Pianomelodie ein, bevor der Einsatz von Pedro Lenz kommt:

»Warum dasi genau a däm Tag genau zu dere Zit genau bim Louis bi ga lüte, würdi mängisch süber gärn wüsse. Uf jede Fau hanis gmacht. Abr weni aues gwüsst hät woni hüt weiss, hättis müglecherwis nid gmacht.«

Da ist sie wieder. Die sonore Stimme, für die Lenz bekannt wurde, tief, bauchig, kräftig. Vertrauen erweckend. Sein schmaler, fast spitzer Mund liegt nahe an dem Mikrofon. Sein langer, schlaksiger Körper hat in der Anspannung etwas Steifes, ist aber immer in Bewegung. Pedro Lenz wippt mit den Füßen auf und ab, zieht die Schultern nach hinten und reckt die Brust umständlich nach vorne. Und immer und immer wieder die Haare. Die dunklen Fransen, die ihm bis über die Nasenspitze fallen und das halbe Gesicht verdecken. Mit seinen langen, ausgestreckten Fingern streicht er sie aus dem Gesicht, immer und immer wieder. Dabei kommen die großen Klunker an seinen Fingern noch besser zur Geltung, ohne die er nie aus dem Haus geht. Rechts die Klunker, links die Uhr, mechanisch natürlich. Und dazwischen Pedro Lenz, voll fokussiert.

»Nume äbe. Wenn wenn wenn chasch de säge im Hingerdrii. Wenn. Wenn bringt aus Begriff überhoupt nüt. Weni nume wüsst wo z Vogulisi wär. Z Vogulisi chunt vo Adubode här. Adubode ligt im Bärneroberland, z Bärneroberland isch schön. Sorry für d Abschweifig bi wäge däm wenn druf cho. Wenn wenn wenn das nützt mir itz aues ä auti Chappe. U z Bärneroberland chöi mir sowieso grad widr vergässe.«

Und spätestens als Lenz zu der Melodie des »Vogulisis« singt, gehört das Publikum ihnen. »Ich kann wirklich sagen: Keiner unserer Auftritte ging bisher in die Hose.« Das sagt Christian Brantschen. Und man möchte es ihm fast nicht glauben, mehr als zweihundert Auftritte und kein einziger ging in die Hose?! Aber so sei es, pflichtet er bei. Jedenfalls kann er sich an keinen vermasselten Abend erinnern. Nervös erlebt er Pedro Lenz auch nie, außer er erwartet sehr wichtige Gäste. Nein, der Lenz, der ist beim Auftreten stets souverän. Voll fokussiert. Dann ist da dieses »Gspüri«, das ihn auszeichnet. Das »Gspüri« für sein Publikum, dafür, wie die Zuhörer ihm entgegentreten, wie sie auf ihn ansprechen. Nein, Lenz ist keiner, der auf Pointen zielt.

Heute muss sich Lenz dazu ohnehin keine Gedanken machen. Die Leute lachen, egal ob Pointe oder nicht. Denn sie mögen Pedro Lenz. Mögen seinen langen Körper, seine sonore Stimme, seinen Dialekt. Mögen den »Schriftschtöuer us Langedaau«, erst recht hier in Olten, seiner Wahlheimat. Hier ist er erst recht einer von ihnen.

»In den zwanzig Jahren, in denen wir uns kennen, hatte ich nie das Gefühl, wir haben ein größeres Problem zusammen. Das ist ein enormes Geschenk!« Auch das sagt Christian Brantschen. Und man möchte es ihm fast nicht glauben, zwanzig Jahre, zehn davon in enger Freundschaft, und nie ein größeres Problem! Aber so sei es, pflichtet er bei. Denn der Lenz sei halt ein umgänglicher Typ. Er ist ein Freund – und ein Menschenfreund. Und man fängt an, dem Glauben zu schenken, wenn man Beat Sterchi zuhört, seinem Vorbild, Kollegen und Freund: »Wenn man so viel Zeit miteinander verbringt, wie wir es eine Zeit lang taten, und in der gleichen Branche tätig ist, muss es schon irgendwie stimmen zwischen einander«, sagt Sterchi. Denn aufrichtige Kollegialität sei in der Literaturbranche alles andere als üblich. »Dass man so oft zusammen auftreten kann und nie Krach hat, das ist eigentlich das, was Pedro für mich auszeichnet.« Und wenn er nur eine einzige Besonderheit von Pedro Lenz hervorheben müsste, dann genau diese.

Als der Auftritt im Theaterstudio Olten vorbei ist, schält sich Lenz schnell wieder aus seinem weinroten Anzug und streift sein Muhammad-Ali-Shirt und seine Jeans über. »Wie pflegt es mein Freund Beat Sterchi nach einem Auftritt zu sagen: Wieder eine Katze totgeschlagen«, sagt Lenz und mischt sich zum Apéro unter die Leute. Wer ihn beobachtet an einem Abend wie diesem, kommt nicht auf die Idee, dass ihm diese Nähe immer öfters zum Verhängnis wird. Weil er mit jedem Gespräch Gefahr läuft, zu viel von sich preiszugeben, und damit bereits wieder in der Situation gelandet ist, Nein sagen zu müssen. Nein, nur weil wir uns heute beim Glas Roten gut verstanden haben, werden wir uns morgen nicht wieder treffen. Ziemlich sicher war unser Gespräch ziemlich anregend, aber nicht mit jedem anregenden Gesprächspartner kann ich eine Freundschaft eingehen. Selbst wenn ich wollte, und wahrscheinlich will ich sogar, ist es eine Frage der Kapazität.

»Ich bin eigentlich nicht gut im Pflegen von Freundschaften«, sagt Pedro Lenz. Da kennt er andere, die das viel besser beherrschen als er. Die haben drei, vier gute Freunde, denen sie ein Leben lang treu bleiben. So ist Pedro Lenz nicht. Nicht, weil er es nicht will, sondern weil er es nicht besser kann. Klar, er ist ein sehr geselliger Mensch, hat einen großen Freundeskreis, das hat er schon immer gehabt. Aber viel entscheidender findet Lenz die Frage, wie sehr man sich dabei öffnet. Auch das ist eher eine Sache der Persönlichkeit als eine bewusste Entscheidung. Er jedenfalls gehöre zu jener Sorte, die sich relativ schnell relativ weit öffnet. Aber nicht bis ins Innerste. »An mich kommt man sehr leicht sehr nah ran«, sagt Lenz. »Aber eben nur bis zu einem gewissen Punkt. Für mehr braucht es dann schon viel.«

Kapitel 16: Über das Vatersein

Am Silvesterabend 2017 ist Pedro Lenz Vater geworden. Zum ersten Mal, mit 52 Jahren. Die Mutter ist fast 25 Jahre jünger, was viel Aufsehen erregte, woran sich aber nichts ändern wird, und Lenz ist es eigentlich leid, ständig darüber Auskunft geben zu müssen. »Ich habe nicht nach einer Jüngeren Ausschau gehalten«, oder: »Zwei verlieben sich und haben nicht auf das Alter geachtet«, oder: »Wenn wir nebeneinander vor dem Spiegel stehen, wird mir mein Alter schon bewusst«, sagt er dann etwa. Jedenfalls sollte die Beziehung einiges verändern in seinem Leben. Mit der Gründung einer Familie ist nicht nur seine Wohnung heimeliger geworden, ein paar Blumen, Bilder und Möbel als Stauraum sind dazu gekommen. Mit dem Leben zu dritt änderten sich vor allem Dinge, mit denen sich Pedro Lenz davor nie auseinandergesetzt hatte.

Er ist Nichtraucher geworden, nach 30 Jahren. Er legt ein Sabbatical ein. Er ist lieber zuhause als in der Beiz, als bei einem Fußballspiel, als auf einem Konzert. Ja, er ist eigentlich immer am liebsten zuhause. Er überlegt sich, ob das Kind besser im Grünen aufwachsen würde als in einer Beiz.

Und ob er, wenn sein Sohn einmal Fußball spielen will, mit ihm noch mithalten kann. Oder bereits zu gebrechlich dafür sein wird.

Und natürlich denkt er wieder mehr an seine eigene Kindheit. Und an seinen eigenen Vater. An seine Ratschläge und seine Zurechtweisungen und er denkt, vieles will ich anders machen. Aber vieles auch gleich.

Sein Sohn sollte getauft werden, so viel steht fest. Nicht weil er ihm irgendeinen Glauben aufdrücken will. Sondern weil er ihm eine Wertebasis mitgeben will. Er hält nichts von der Idee, die Kinder sollten später einmal selbst auswählen können. Auswählen ist schön und gut – aber aus was? Dafür braucht es zumindest Vergleichsmöglichkeiten. Bestenfalls findet sein Sohn in dem Glauben später auch eine Gemeinschaft und Werte wie Respekt und Großzügigkeit, die sich in ihm festigen und an denen auch später niemand rütteln kann. Wissen, woran man sich halten kann, das habe doch etwas Befreiendes. Oder etwa nicht? Aber ob sein Sohn den Glauben annehmen kann oder nicht, das liegt nicht in seiner Hand. Lenz weiß ja zuweilen nicht einmal selbst, ob er ihn annehmen kann.

Da seine Partnerin reformiert aufgewachsen ist, haben sie sich für die Taufe ihres Sohnes eine reformierte Kirche ausgesucht. Von Pedro Lenz' Familie leben nicht mehr so viele Mitglieder wie von seiner Partnerin, und ein reformierter Gottesdienst ist außerdem für Außenstehende einfacher nachzuvollziehen, im Gegensatz zum katholischen: *Sitzen, knien, stehen, Herr erbarme dich unser – Herr erbarme dich unser.* Also wurde der Sohn von Pedro Lenz und Rahel

Grunder auf den Namen Nicanor Johannes Carl Lenz, inspiriert durch den 104-jährigen chilenischen Dichter Nicanor Parra, in der reformierten Kirche von Olten getauft.

Pünktlich mit der Geburt hat Pedro Lenz sein Sabbatical angetreten. Ein glücklicher Zufall, hatte er sich doch schon länger für 2018 vorgenommen, mit Lesungen zu pausieren. Das bedeutet aber auch: mehr Verfügbarkeit für Dinge, für die er sonst keine Zeit hatte. In den ersten Monaten reiste er wegen Übersetzungen ins Ausland, Belgien und Amsterdam, setzte sich in der Öffentlichkeit mit dem Komitee gegen die No-Billag-Initiative ein, gab Interviews zum YB-Meistertitel, dann zur Schweizer Qualifikation für die WM, war zur Sternstunde Philosophie eingeladen. Wie lange dauert es, bis man vergessen geht?

Aber die meiste Zeit verbringt er damit, Nicanor Johannes Carl zuzuschauen, wie er heranwächst. Ihn anzuschauen, mit ihm an der Aare wägele zu gehen, sich mit ihm freuen, wenn er sich baden kann. Und dabei versuchen, die Welt durch seine großen, wachen Augen wahrzunehmen. Aber vor allem gehört es zu seinen Aufgaben, seinen Sohn durch den Alltag zu bringen. Ihn zu füttern, zu wickeln, zu trösten, anzuziehen, wenn ihm kalt ist, und auszuziehen, wenn zu heiß. Das sieht Lenz ganz pragmatisch, auf keinen Fall romantisch. Seit seine Partnerin wieder mehr arbeitet, ist er oft Hausmann. Dann steigt er mittags in den Zug nach Bern, geht über die Brücke in das Nordquartier und gibt seinen Sohn zum Stillen ab. Und fährt wieder zurück.

Seit einigen Wochen juckt es ihn wieder vermehrt zu schreiben. Und manchmal taucht die Frage auf, ob er jemals wieder gleich schreiben können wird wie davor. Weil das Kind ab jetzt immer präsent ist, nicht nur wochenweise. Aber dann wischt er die Gedanken wieder weg oder Nicanor wischt sie weg, ehe sich Lenz damit aufhalten kann.

Er erinnert sich gerne an seinen eigenen Vater, der noch bis zu seinem Tod gesagt hatte: »Ich habe bleibende Freude an meinen drei Kindern. An jedem auf seine eigene Art.« Das hat ihm viel bedeutet. »Bei meinem Vater wusste ich, dass er da ist, wenn ich ihn brauche«, sagt Lenz und wäre zufrieden, wenn er es schafft, seinem Sohn das gleiche Gefühl vermitteln zu können.

Könnte er allerdings auswählen, fände er es schön, wenn sein Sohn ein begabter Musiker oder Sportler werden würde. Beides Dinge, die ihm selbst nie vergönnt waren. Aber er weiß, das sind Stellvertreterwünsche und weil Stellvertreterwünsche nichts Gutes sind, hat er keine fixen Pläne für seinen Sohn gemacht. Es gibt Dinge, die er ihm beibringen will, zum Beispiel offen auf Menschen zuzugehen und sie zu grüßen, wie er es damals selbst in der Porzellanfabrik seines Vaters gelernt hat: »Grüessech, Grüessech.« Er will Nicanor eine Konstante sein als Vater und er glaubt, dass er das heute besser kann, als er das früher gekonnt hätte. Aber am Ende will er seinem Sohn vor allem eines geben: Vertrauen, Zuverlässigkeit und ja, natürlich Liebe. Das ist sein Wunsch. Was am Ende davon bleibt, wird sich weisen.

Eine Anekdote zum Schluss:
Der Goalie in ihm

Es ist ein kalter Tag, und der Regen zieht Fäden vom Himmel, als ich im roten Wagen von Pedro Lenz in Richtung Heimat fahre. »Hier, da war früher die Metzgerei, und hier ein Veloladen. Und das, dieses beige komische Haus, direkt an der Straße. Da bin ich aufgewachsen.« Schummertal. November. Später, bei einem Spaziergang durch den gepflasterten Ortskern Langenthals erzählt Lenz von seiner Kindheit als Teil des SRL-Clubs, als er und sein Bruder mit den ersten Skateboards des Dorfes überhaupt den Hang hinuntergebrettert sind. Erzählt von seiner Jugend in der Beiz Maision, der spanischen Weinhalle und zeigt auf Bausünden, für die er als Maurerstift selbst mitverantwortlich ist. Später fahren wir in den Hardwald, in dem er und seine Freunde die ersten Zigaretten geraucht haben. Dort wo früher die Tennishalle war, steht jetzt ein Kongresszentrum, daneben ein Parkhotel, und Pedro Lenz weiß noch, wie er daran mitgebaut hat. Jetzt sitzt er in der viel zu großen und viel zu leeren Halle, trinkt einen Kaffee und schaut sich etwas verloren um. »Als ich 1981 in der Lehre war, da herrschte noch das Gefühl vor, unser Langenthal, das wird jetzt städtisch, modern! Jetzt ist es hier nur noch ein Niemandsland. No man's land – so sad.« Danach sagt er eine Weile nichts mehr. »Exgüse, wo chani uf d Toilette?« – »Die Treppe runter und dann den Piktogrammen folgen.«

Zurück in der Ortsmitte. Hier blüht Pedro Lenz wieder auf, wenn er die Geschichte von den Trottoirs erzählt, die hier höher sind als in jeder anderen Schweizer Stadt, gut einen Meter hoch. Grund dafür ist die Langete, dieser Bach, nach dem der Ort benannt wurde und der im letzten Jahrhundert bei schweren Regengüssen immer wieder heftig über die Ufer trat. Lange sah man keinen anderen Ausweg, als das Wasser durch die Innenstadt abzulassen. Nur auf den Trottoirs war man sicher. Wie in Klein-Venedig sah es aus, so erzählt man es sich, damals in Langenthal.

Zum z'Mittag kehren wir in das Chrämerhuus ein. Eine Kulturbeiz, in der Pedro Lenz früher auch aufgetreten ist, bis der Raum deutlich zu eng wurde für das Publikum, das er anzog. Während wir bei Cola und Spaghetti über seine Kindheit reden, sein neuestes Buch und sein Verhältnis zur Mundart, bleiben wir ungestört. Die Uno-spielenden Jugendlichen vom Nebentisch nehmen kaum Notiz von Pedro Lenz, und ansonsten ist der Laden relativ leer. Beim Zahlen hält er am Tresen noch einen Schwatz mit ein paar bekannten Gesichtern, die dort ihr Feierabendbier trinken. Und als er die Beiz gerade verlassen will, haut ihn eine ältere Dame, die am Tisch beim Ausgang sitzt, an. »Hey Pedro, wissen Sie was? Ich hatte meinen Hund nach Ihnen benannt. Also nach Ihrer Romanfigur. Er hieß Goalie, er war ein Guter.«

Die kursiv gesetzten Stellen im Buch stammen aus dem Gedicht »Fahre«, das in Pedro Lenz' Buch »Hert am Sound« abgedruckt wurde.